HEIKE WOLPERT
Mörderisches Taubertal

IMMER LIEBLICH – manchmal tödlich Das Taubertal – nicht umsonst eines der beliebtesten Ferienziele Deutschlands. Doch zuweilen geht es in dieser schönen Region mörderisch zu. Von der Burgruine in Wertheim über das Kloster zu Bronnbach und den Kurpark Bad Mergentheims bis hin zur Touristenhochburg Rothenburg ob der Tauber, überall gibt es neben Sehenswürdigkeiten auch kriminelle Machenschaften zu entdecken. Mal werden alte Rechnungen mit tödlichem Ausgang beglichen, mal sterben unliebsame Partner oder ungerechte Vorgesetzte eines gewaltsamen Todes. Letztere haben es vielleicht verdient? Bei anderen ist es einfach nur dumm gelaufen. Aber nicht immer enden die mörderischen Aktivitäten mit einer Leiche, genauso wie mancher Mörder ungeschoren davonkommt.

Begleiten Sie die Autorin auf ihrer spannenden Reise die Tauber entlang und lernen Sie neben originellen Mordmethoden auch interessante Ausflugsziele kennen.

Heike Wolpert, Jahrgang 1966, lebt und arbeitet in Hannover. Abwechslung von ihrem Alltag als Businessanalystin bei einer großen Landesbank findet sie im Schreiben von Krimis in Kurz- und Langversion. An ihrer Reihe rund um den tierischen Schnüffler Kater Socke erfreuen sich Katzen- und Krimifreunde gleichermaßen. Durch den kriminellen Freizeitführer »Mörderisches aus Hannover« fand sie außerdem Gefallen am Verfassen von Kurzgeschichten und mit dem Krimi »Taubertaltod« entdeckte sie die Liebe zu ihrer Geburtsstadt Bad Mergentheim und der umliegenden Region neu. Beides zusammen führte zum vorliegenden Kurzgeschichtenband.

HEIKE WOLPERT

Mörderisches Taubertal

Krimis

GMEINER

Immer informiert

Spannung pur – mit unserem Newsletter informieren wir Sie
regelmäßig über Wissenswertes aus unserer Bücherwelt.

Gefällt mir!

Facebook: @Gmeiner.Verlag
Instagram: @gmeinerverlag
Twitter: @GmeinerVerlag

MIX
Papier aus verantwor-
tungsvollen Quellen
FSC® C083411

Besuchen Sie uns im Internet:
www.gmeiner-verlag.de

© 2021 – Gmeiner-Verlag GmbH
Im Ehnried 5, 88605 Meßkirch
Telefon 0 75 75 / 20 95 - 0
info@gmeiner-verlag.de
Alle Rechte vorbehalten
1. Auflage 2021

Lektorat: Susanne Tachlinski
Herstellung: Mirjam Hecht
Umschlaggestaltung: U.O.R.G. Lutz Eberle, Stuttgart
unter Verwendung eines Fotos von: © ThomBal / shutterstock.com
Druck: CPI books GmbH, Leck
Printed in Germany
ISBN 978-3-8392-0058-2

INHALT

VORWORT VON INGE BRAUNE,
FREIE JOURNALISTIN AUS DEM TAUBERTAL

Heike Wolpert ist Datenverarbeitungskauffrau, Softwareentwicklerin, Businessanalytikerin – und Krimiautorin. Nach Abitur und Ausbildung zog es die gebürtige Bad Mergentheimerin gen Norden. Hannover, groß im platten Land: ein krasser Gegensatz zur beschaulichen Kurstadt im lieblichen Taubertal. Da geht man doch nie so ganz. Kein Wunder also, dass es sie immer wieder heimwärts zieht, besuchsweise sowie gedanklich.

Wenn ihr das Tal fehlt, schreibt sie's eben – und macht schon mal, wie hier, aus der so anmutigen Region eine mörderische. Von Wertheim bis Rothenburg wird munter hin und her geklaut, gemordet, eingebrochen, werden Menschen mal aus Versehen, mal mit voller Absicht zu Übeltätern. Heike Wolpert lässt sie in 14 Storys reüssieren oder scheitern, stets anders als erwartet.

Die Täter- und Opfervielfalt ist dabei enorm, reicht vom überspannten Filmsternchen bis zum ehrbaren Mütterchen, von der Taubertaler Miss Marple bis zum Kommissar im Unruhestand, vom verwöhnten Unternehmerstöchterlein bis zur stoischen Unternehmergattin, von um Verbrecher-Devotionalien konkurrierenden Sammlern bis zum Escort-Service-Pärchen, vom

Sekretärinnen-Trio bis zum tagträumenden Werbefotografen.

Sie faszinieren und amüsieren, entdecken und berichten über Ausflugsziele und Geschichte. Wir treffen sie in Feierlaune hoch auf Burg Wertheim, gedanken- und traumverloren im Bronnbacher Klostergarten oder im Schlossgarten zu Weikersheim, interessiert im Creglinger Fingerhutmuseum, in der Herrgottskirche leise plaudernd und bei einer Recherche-Sonderführung im kleinen Heimatmuseum bei Rothenburg. Natürlich tummeln sie sich auch bei Schlemmertouren durch Weinstuben, Feste und Messen, beim morgendlichen Fitnesstraining und nächtlicher Turmbesteigung.

Dass die Eingeborenen immer wieder auf Norddeutsche treffen, lässt sich in der Touristenregion ebenso wenig vermeiden wie bei der Autorin, für die der zur Kür entwickelte Nord-Süd-Spagat zum Lebenselexier geworden ist. Nehmen Sie ein Schlückchen!

01 – WUNDER GIBT ES IMMER WIEDER
(WERTHEIM; BURGRUINE)

»Chaos-Wunder«. Diesen Namen hatte die Presse Patricia Wunder gegeben, und das nicht zu Unrecht.

Schon bei ihrer Teilnahme an der populären Modelcasting-Sendung »Germany's next Catwalk-Star« war sie dafür bekannt geworden, kein Fettnäpfchen auszulassen. Irgendwann schaffte sie es, sich bei einer Modenschau den Arm zu brechen, als sie auf dem Laufsteg stolperte und direkt vor Tim Mühles Füßen landete. Für künftige Catwalk-Star-Folgen fiel sie zwar aus, doch brachte ihr dieser spektakuläre Abgang einige Schlagzeilen, die Einladung zu diversen Talkshows und nicht zuletzt eine Schauspielkarriere ein.

Daran wiederum war Tim Mühle nicht ganz unbeteiligt.

Eigentlich als Leibwächter eines medienbekannten Designers auf der Schau anwesend, bei der Patricias Unfall geschah, leistete er dem »gefallenen Mädchen« Erste Hilfe und erlag ihrem tollpatschigen Charme. Er bot ihr seine Dienste als Beschützer an, wurde erst ihr Manager und später ihr Ehemann. Da er schon eine Weile im Geschäft war, verfügte er über gute Kontakte und es gelang ihm, ihr kleinere Rollen in trivialen Vorabendserien und Dokusoaps zu verschaffen. Für die Schlagzeilen sorgte sie durch ihre zahllosen Missgeschicke ganz von selbst.

Bei einer Liveübertragung verlor sie ihren Minirock, sehr zur Freude vor allem der männlichen Zuschauer, den Moderator einer berühmten Fernsehshow sprach sie mit dem Namen seines größten Konkurrenten an und beim Dreh einer Vorabendserie fiel sie so unglücklich, dass sie die Kamera zerstörte. Spätestens als sie bei einer Gameshow ihren prominenten Spielpartner unabsichtlich k. o. schlug, war Tim froh über die Haftpflichtversicherung, die er für Patricia abgeschlossen hatte.

Das Versicherungsunternehmen wiederum warb fortan mit seiner bekannten Kundin und auch andere Werbepartner machten sich ihre Ungeschicklichkeit zunutze. Die Öffentlichkeit liebte das »Chaos-Wunder«. Man schmunzelte über die kleinen und großen Katastrophen, die sie verursachte, und so manchen trösteten sie über das eigene Unglück hinweg.

Im gleichen Maße allerdings, in dem ihre Gunst bei den anderen wuchs, nahm sie bei Tim ab. Schon ihr lang gezogenes »Tiiiiimi!«, mit dem sie beinahe jeden Tag begann, weil sie ihre Brille mal wieder nicht fand, war ihm verhasst geworden. Ohne ihre Sehhilfe wiederum war Patricia blind wie ein Maulwurf, was ebenfalls bereits zu unzähligen Missgeschicken geführt hatte, wenn sie etwa zum wiederholten Male ihre Kontaktlinsen verloren hatte. Ersatzlinsen befanden sich ebenso in dem »Notfallkoffer«, den Tim ihr stets hinterhertrug, wie ein kompletter Satz Kleidung, Schminkzeug, Haarteile und Nahrungsergänzungsmittel.

Tim kam sich vor wie ihr Laufbursche und in letzter Zeit behandelte sie ihn auch immer öfter so. Am liebsten hätte Tim das Filmchen, das er von der schlafenden Patricia – laut schnarchend mit offenem Mund und einem Sabberfaden auf der Wange – mit seinem Handy aufgenommen hatte, ins Netz gestellt. Dann wäre er sie sicher schnell losgeworden, aber mit ihr genauso seinen Wohlstand. War sie sonst nach seiner Meinung »dümmer als ihre Schmerztabletten«, bei denen sie sich immer »wunderte«, dass sie stets »wussten, wo es ihr wehtat«, hatte sie bei der Anfertigung ihres Ehevertrages offenbar einen lichten Moment gehabt. Oder einen guten Anwalt. Jedenfalls würde Tim im Falle einer Scheidung leer ausgehen. Die Marke »Chaos-Wunder« gehörte ausschließlich Patricia.

Er musste sich also etwas einfallen lassen, und spätestens seit Patricia den Dreh einer Folge »Promis jagen Modeschnäppchen« geschmissen hatte, weil sie ihre Vitaminpillen mit einem Abführmittel verwechselt hatte, reifte in ihm eine Idee …

*

»Tiiiiimi!«

»Ich komme, Schatz!« Tim Mühle seufzte. Manche Dinge änderten sich nie.

»Rufst du den Zimmerservice!« Das war keine Frage,

sondern ein Befehl. »Ich will Toast und ein Fünf-Minuten-Ei. Und russischen Kaviar!« Langsam wurde sie größenwahnsinnig. »Und Champagner, aber Dom Perinonne!« Sie sprach es tatsächlich so aus, obwohl sie die korrekte Artikulation sicher schon 1.000 Mal gehört hatte. Ob sie dies in gespielt naiver Absicht oder aus purer Dummheit tat, war Tim unklar, doch er unterstellte ihr das Zweite.

Er griff zum Hörer und bestellte.

»Wo bleibt meine Brille?«, rief sie aus dem Schlafzimmer ihrer Suite, »du weißt doch, dass ich ohne sie hilflos bin wie ein Baby.«

»Aber lange nicht mehr so niedlich«, murmelte er.

»Hast du was gesagt?«

»Ich habe nur mit dem Zimmerservice gesprochen«, erwiderte er und reichte ihr das Etui.

»Hoffentlich beeilen die sich«, maulte Patricia, »ich habe keine Zeit. Immerhin ist man nicht jeden Tag Stargast bei einer Filmpremiere.«

Tim verdrehte die Augen. Patricia war mitnichten Stargast der heutigen Filmpremiere, die sich am Abend auf der Burgruine zu Wertheim ereignen sollte. Star dieser Veranstaltung war kein Geringerer als Carlo Castens. Der international bekannte Regisseur war in Wertheim ob der Tauber geboren. Deshalb war die Premiere seines neuesten Werks, einer Liebeskomödie mit dem Titel »Sommerwind«, auch in dieser idyllischen Kleinstadt, der nördlichsten Baden-Württembergs, geplant. Und zwar standesgemäß im wunderschönen

Ambiente der Burgruine zu Wertheim, im Rahmen und als Highlight der dort stattfindenden diesjährigen Filmfestspiele. Patricia, die in seinem Streifen lediglich eine unbedeutende Nebenrolle spielte, war nur deshalb dazu eingeladen, weil die beiden Hauptdarsteller miteinander zerstritten waren und beide abgesagt hatten, vermuteten sie doch, die oder der jeweils andere würde am Ort des Geschehens auftauchen. Außerdem, so nahm Tim an, war Patricia billiger gewesen. Und zwar in mehrfacher Hinsicht, wie er in Gedanken gehässig hinzufügte.

*

»Wo ist der Kaviar?«, nörgelte Patricia.

»Wahrscheinlich bei den Fischen im Schwarzen Meer, wo er hingehört«, erlaubte Tim sich einen Scherz, der aber ungehört verhallte.

»Hast du keinen Kaviar bestellt?«, beschwerte sich seine Frau.

»Du magst doch gar keine ›Fischeier‹.«

»Das ist egal, Kaviar ist teuer und ich habe etwas zu feiern.« Sie nahm einen Schluck Champagner. »Immerhin ist man nicht jeden Tag Stargast bei einer Filmpremiere«, intonierte sie dann erneut – er sprach leise mit.

Dann schenkte sie sich ein weiteres Glas Champagner ein und bedachte ihn mit einem koketten Aufschlag aus den noch ungeschminkten blauen Augen. »Trink doch auch ein Schlückchen.«

Früher hatte er diesem Blick, ihrem Schlafzimmerblick, nicht widerstehen können, heute fand er ihr laszives Getue einfach nur lächerlich. Da konnte auch die sündhaft teure Nachtwäsche von »Victoria's Secret« nichts ausrichten.

»Du bist in letzter Zeit ein bisschen unentspannt«, flüsterte sie ihm mit heiserer Stimme ins Ohr. »Vielleicht sollten wir etwas dagegen tun.« Sie strich mit ihrem Zeigefinger über die Knopfleiste seines Hemdes.

Er verdrehte die Augen. »Später, Liebling«, vertröstete er sie. »Spar dir deine Energie für deinen Auftritt. Immerhin ist man nicht jeden Tag Stargast bei einer Filmpremiere.«

Gegen Ironie war Patricia immun. »Wenn du meinst«, ließ sie sich widerwillig von seinem Argument überzeugen. »Vielleicht heute Nacht?« Zu Tims Entsetzen förderte sie ein Döschen mit blauen Pillen zutage und zwinkerte ihm verschwörerisch zu.

»Bist du verrückt? So ein Zeug brauche ich nicht!« Er schnappte nach den Tabletten, die sie schnell hinter ihrem Rücken verschwinden ließ.

»Hol sie dir doch«, lockte sie mit einer Unschuldsmiene, die so falsch war wie ihre künstlichen Wimpern.

»Sei nicht albern. Ich sagte doch: später. Nach der Premierenfeier. Jetzt mach dich schön und halt den Mund.«

Patricia zog einen Schmollmund. »Ich bin überhaupt nicht albern und den Mund lass ich mir von dir schon gar nicht verbieten.« Sie klapperte mit dem Tablettendöschen und drückte ihm demonstrativ ihre Brüste entgegen. »Diese blauen Dinger vollbringen angeblich Wunder.«

Wut kochte in ihm hoch. Wie konnte sie ihm unterstellen, er, Tim Mühle, würde es im Bett nicht mehr bringen? Mühsam beherrscht, wechselte er das Thema: »Ich muss noch dein Köfferchen packen.« Damit erhob er sich und fügte leise hinzu: »Aber heute Nacht, da wirst du dein blaues Wunder erleben, Patricia Wunder!«

*

»Die Burg Wertheim ist eine der größten Burgruinen Süddeutschlands«, erklärte der Fahrer, der sie am frühen Abend zur Premierenfeier brachte. »Sie wurde im 12. Jahrhundert errichtet und in den darauffolgenden Jahrhunderten weiter ausgebaut, im Dreißigjährigen Krieg allerdings weitgehend zerstört. In den 80er-Jahren wurde die Ruine mit Unterstützung des Landes Baden-Württemberg saniert. Seit 1995 ist sie im Besitz der Stadt Wertheim.« Offenbar hatte der junge Mann den Reiseführer auswendig gelernt und ausnahmsweise hielt Patricia seinen Ausführungen nichts entgegen. Stattdessen bestaunte sie mit offenem Mund die festlich beleuchtete Burg. »Der Zugang erfolgt über das Neue Archiv mit seinen prachtvoll stuckierten Festsälen. Das Neue Archiv diente in früherer Zeit als Torhaus und erinnert noch heute an ein solches«, referierte ihr Chauffeur weiter, während sie erwähntes Portal mit seinen beiden beeindruckenden Rundtürmen erreichten.

Carlo Castens stand hier bereits und hielt Hof. Seine Leibwächter sorgten dafür, dass ihm der »Hofstaat« in Form zahlreicher Bewunderer nicht zu nahe kam. Das Kamerateam eines Privatsenders hielt das Ganze für die Nachwelt fest.

»Halten Sie an!«, befahl Patricia.

Der Fahrer tat, wie ihm geheißen. Patricia öffnete noch im Ausrollen die Tür und streckte ihr seidenbestrumpftes Bein hinaus. Ein Großteil der Fans wandte sich daraufhin ihr zu. Hastig stieg Tim aus. Auch wenn sich sein Beschützerinstinkt ihr gegenüber längst im Tiefschlaf befand, so war er doch immer noch ihr Manager. Er drängte ein paar der für seinen Geschmack allzu vorwitzigen Bewunderer zurück und half Patricia aus dem Wagen. Der Blick, den Carlo Castens ihnen über die Menge hinweg zuwarf, war alles andere als liebevoll.

Schon während der Dreharbeiten an seinem Film hatte er keinen Zweifel daran gelassen, was er von dem »Chaos-Wunder« hielt. »Ein talentfreies Sternchen«, so hatte er sie einmal genannt. Aber das Sternchen hatte eben seine Verehrer und ohne die hätte sein Film nicht nur deutlich weniger Aufmerksamkeit während der Produktion bekommen, sondern würde längst nicht die Anzahl an Zuschauern erreichen, die man derzeit prognostizierte.

Patricia posierte für diverse Selfies und auch Tim lichtete sie noch schnell vor der beeindruckenden Kulisse der Burgruine ab, um das Foto ins Netz zu stellen. Kurz darauf hatten bereits ein paar Hundert »Chaos-Wun-

der«-Fans das Bild mit dem Text »Patricia als Burgfräulein« geliked.

*

Endlich begann die Vorstellung. Tim hatte nach den
langen Dankesworten des Regisseurs und peinlichen
Szenen Patricias nicht mehr darauf zu hoffen gewagt.
Kaum war das Licht aus, öffnete Patricia ihre Handtasche und wühlte im Dunkeln darin herum.

»Was ist denn los?«, knurrte er ihr zu.

»Meine Vitaminpillen, ich hab vergessen, meine
Vitamine zu nehmen. Warum hast du nichts gesagt?«

»Pssst!«, zischte es von hinten.

Patricia maulte weiter. »Du weißt doch, dass ich die
immer pünktlich nehmen muss. Nicht umsonst habe
ich so eine glatte und ebenmäßige Haut.«

»Du bist hier nicht in einem Werbefilm!«, raunte er
zurück. »Deine Tabletten kriegst du noch früh genug.«
Zufrieden lehnte er sich in seinem Sitz zurück. Er hatte
sie absichtlich nicht erinnert, sein Plan schien aufzu-
gehen.

»Aber ich …«, gab Patricia noch einige Dezibel lauter zurück.

»Ruhe!«, »Pssst!«, tönte es nun von verschiedenen
Seiten. Jemand stieß unsanft gegen Patricias Sitzlehne.

»Meine Kontaktlinsen«, kreischte sie daraufhin.
»Jetzt sind mir *beide* Kontaktlinsen runtergefallen!«
Sie machte Anstalten, sich auf den Boden niederzulassen.

Tim zerrte sie hastig auf den Sitz zurück. Carlo Castens räusperte sich vernehmlich.

»Asoziales Pack!«, schimpfte jemand leise.

»Ist da jetzt endlich mal Ruhe!«, donnerte ein anderer laut.

Die Einblendung ihres Namens im Vorspann verpasste Patricia. »Ich sehe fast gar nichts«, jammerte sie.

»Dann musst du halt hören«, wisperte Tim zurück, »und jetzt sei endlich still!«

Unruhig rutschte seine Frau auf ihrem Platz hin und her, gab aber keinen weiteren Ton von sich.

Tim wischte sich heimlich den Schweiß von der Stirn. Ein Kleinkind war einfacher im Zaum zu halten. Wie hatte er ihre Ungeschicklichkeit nur irgendwann einmal charmant finden können? Er atmete tief durch. Nicht mehr lange, dachte er. Bisher lief alles nach Plan.

*

Der anschließende Umtrunk fand im Rittersaal der Burgruine Wertheim statt. In dem Gewölbe mit der massiven Steinsäule standen dem Anlass entsprechend geschmückte Stehtische mit bodenlangen weißen Tischdecken, um die sich die Besucher zwanglos gruppieren konnten. Zwei Security-Leute in Ritterrüstung sorgten dafür, dass wirklich nur geladene Gäste Zutritt erhielten. Patricia und Tim benötigten keine Einladungskarte, um hineinzugelangen. Das »Chaos-Wunder« war bekannt.

Tim schob seine Frau mit einem Nicken an den beiden Rittersleuten und ehemaligen Kollegen vorbei.

Patricia kicherte. »Hihi, ich sehe nix.«

Tim hatte darauf verzichtet, ihr ihre Ersatzkontaktlinsen zu geben. Für das, was er vorhatte, war der Zustand, in dem sie sich befand, ideal. »Dann musst du halt fühlen«, raunte er ihr ins Ohr.

»Au, ja!«, sie versuchte, ihre Hand unter sein Hemd zu schieben.

Schnell entwand er sich ihren Zudringlichkeiten. »Lass uns erst ein Glas Champagner trinken.« Er dirigierte sie zu einem der Tische und schnappte schnell zwei Gläser von einem der Tabletts, die als Burgfräulein verkleidete Serviererinnen umhertrugen.

»Weißt du noch, wie wir es in meiner Garderobe bei den Dreharbeiten zu ›Liebestränen‹ getrieben haben?«, fragte Patricia im Flüsterton.

Er sah sich hastig um. Zum Glück waren noch nicht so viele Menschen anwesend, die beiden Sicherheitskräfte am Eingang nahmen ihren Job ernst und so füllte sich der Rittersaal nur langsam. Es war der perfekte Zeitpunkt. »Nimm erst mal deine Vitamintabletten.« Er schob unauffällig ein Pillendöschen zuoberst in ihre geöffnete Handtasche.

Patricia trank einen tiefen Schluck von ihrem Champagner. »Zu Befehl, mein Herr!«, schnarrte sie dann und zog einen Schmollmund. »Holst du mir gleich noch eins?«, deutete sie auf das zur Hälfte geleerte Glas und dann mit dem Kinn auf das Büffet am anderen Ende des Saales. »Und ein paar Häppchen. Dann ist deine liebe Patricia auch ein ganz braves Mädchen und nimmt ihre Pille.«

Wie ihn dieses Kleinmädchengehabe ankotzte! Schnell wandte er sich ab. Aus den Augenwinkeln sah er sie in ihrer Handtasche wühlen. Ja, dachte er frohlockend, nimm sie endlich, deine *Vitaminpillen*!

*

Eilmeldung am Sonntagmorgen:

Filmpremiere endet tödlich

Die bekannte Schauspielerin Patricia Wunder wurde gestern Nacht in die Rotkreuzklinik von Wertheim eingeliefert. Die Mimin erlitt einen schweren Schock, nachdem für ihren Ehemann, Tim Mühle, zuvor jede Hilfe zu spät gekommen war. Das »Chaos-Wunder«, wie Frau Wunder von ihren Fans auch liebevoll genannt wird, gestand Presse und Polizei gegenüber, ihrem Gatten unter dem Namen »Viagra« bekannte Potenzpillen in den Champagner gemischt zu haben. Noch ist unklar, ob diese für das Ableben ihres ehemaligen Leibwächters verantwortlich sind.

Gemäß ersten Andeutungen der Kriminalpolizei kann auch ein Suizid nicht ausgeschlossen werden. Einer anonymen Quelle zufolge hat der Verstorbene in einem Chat im Darknet nämlich nach morphiumhaltigen Tabletten gefragt. Diese gelten als starke Schmerzmittel, machten jedoch in der letzten Zeit auch als Mittel bei Selbsttötungen von sich reden. Mit dieser Tatsache konfrontiert, ist Frau Wunder erneut in Tränen ausgebrochen. Sie habe ihren Ehemann keinesfalls mit ihrem Bedürfnis nach Liebe unter Druck setzen wollen, beteuerte sie gegenüber der Presse. Tatsächlich sei er in letzter Zeit allerdings kaum noch seinen ehelichen Pflichten nachgekommen, weshalb sie ihn gelegentlich geneckt habe.

Die Obduktion und somit Feststellung der tatsächlichen Todesursache ist für den heutigen Tag geplant und bringt hoffentlich endgültige Klärung, ob Selbstmord vorliegt oder ein Unfall.

Patricia Wunder befindet sich auf dem Wege der Besserung und hat für den Herbst ihre Memoiren angekündigt.

»Darf ich?« Sie sah Frank aus dunklen Knopfaugen erwartungsvoll an. Ein geriatrisch verkrümmter Finger deutete auf den schmalen Platz links von ihm. Wenn er ehrlich war, wäre er lieber für sich allein geblieben. Doch zahlreiche Besucher bevölkerten an diesem sonnigen Sommernachmittag das Klostergelände und freie Ruheplätze wurden zur Mangelware. Wer war er da, einer alten Frau eine Sitzgelegenheit zu verwehren? »Gerne«, log er deshalb und rückte etwas zur Seite.

Die ältere Dame ließ sich neben ihm auf der Parkbank nieder. Mit ihren weißen, zum Dutt hochgesteckten Haaren und dem altmodischen dunkelblauen Kostüm mit dem weißen Spitzenkragen sah sie ein bisschen so aus wie eine der beiden mörderischen Schwestern aus dem Film »Arsen und Spitzenhäubchen«.

Sie stöhnte. »Ach, die alten Knochen wollen manchmal einfach nicht mehr so recht«, erklärte sie dann. »Da strengt einen das lange Stehen an. Und die Pflanzen hier kenne ich sowieso alle schon.« Ihr Blick wanderte über den Außenbereich des Klosters Bronnbach und blieb an der kleinen Gruppe hängen, die sich soeben zu einer Gartenführung versammelte. »Und Sie?«, wollte sie dann von Frank wissen. »Wollen Sie sich nicht hier umsehen? Es lohnt sich. Sie könnten zum Beispiel das Kloster besichtigen, wenn der Garten Sie nicht so interessiert.« Diesmal zeigte ihr Finger in Richtung des historischen Gebäudes. »Obwohl, der Außenbereich ist wirklich sehenswert. Vor allem der Kräutergarten. Da gibt es nicht nur Küchenkräuter.«

Frank zuckte mit den Schultern. »Kenne ich alles«, beschied er beiläufig und hoffte, seine Sitznachbarin würde ihn nun in Ruhe lassen.

»Dann kommen Sie öfter her?«, wollte die wissen.

»Hm, mit Gästen«, brummte Frank. Er hatte wirklich keine Lust auf ein Gespräch. Es war nicht leicht gewesen, sich einen Moment auszuklinken. Er hatte seinen erst kürzlich beim Joggen verstauchten Knöchel vorgeschützt.

»Sind Sie verheiratet?« Die Alte war ganz schön neugierig.

»Ja«, erwiderte Frank knapp. Den Blick stur auf das Klostergebäude gerichtet. Vielleicht verging ihr durch seine Einsilbigkeit der Spaß an der Konversation.

»Ich war auch verheiratet. Fast 50 Jahre lang, stellen Sie sich das mal vor.«

Das wollte er lieber nicht. Bei ihm stand demnächst der 20. Hochzeitstag an. Er antwortete abermals mit einem kurzen »Hm.«

»Ende 1967 haben wir uns kennengelernt. Da waren Sie wahrscheinlich noch nicht einmal geboren.« Sie musterte ihn neugierig von der Seite.

Frank nickte. »Stimmt, ich bin Jahrgang 1970.«

»Dann haben Sie ja noch fast ihr ganzes Leben vor sich. Haben Sie Kinder?«

Frank seufzte. Seit einer knappen Woche waren er und seine Frau nun täglich mit ihren Freunden unterwegs, die aus Norddeutschland zu Besuch bei ihnen weilten. Das war zwar auf der einen Seite sehr schön, auf der anderen aber auch anstrengend, denn hier in Baden-Württemberg waren noch Sommerferien. Sie mussten also neben dem Programm für ihre Gäste auch für Unterhaltung ihrer Zwillinge Meike und Martha sorgen. Und es war nicht immer einfach, die verschiedenen Interessen unter einen Hut zu bekommen. Der Vorschlag eines Klosterbesuchs hier bei Wertheim war glücklicherweise bei allen auf Zustimmung gestoßen. Seine Frau hatte ihren Töchtern nämlich im Frühjahr eine kleine Ecke ihres heimischen Gartens zur Verfügung gestellt, welche die beiden seither mit großer Begeisterung bewirtschafteten. Ein Hinweis auf den Kräutergarten des Klosters und die Aussicht auf eine Führung hatte genügt. Für später war ein gemeinsames Essen im Restaurant in der Orangerie geplant. Da wäre Frank dann gerne wieder mit von der Partie und würde den munteren Gesellschafter mimen. Aber jetzt brauchte er einfach mal eine Pause.

Die Oma neben ihm ließ jedoch nicht locker. »Oder hat es bis jetzt noch nicht geklappt mit dem Nachwuchs?«, setzte sie mit der Indiskretion nach, die manch älteren Herrschaften zu eigen ist.

»Doch«, gab er schließlich zur Antwort. Und weil sie sogleich mit einem interessierten »Aha!« reagierte und es sowieso mit der Ruhe vorbei war, setzte er hinzu: »Zwei Mädchen, Zwillinge. Sieben Jahre alt.« Die Frage wäre sicher ohnehin gleich gekommen.

»Oh, da ist ja einiges los bei Ihnen. Unser Sohn ist in Ihrem Alter. Der ist natürlich schon seit Jahren aus dem Haus. 1992 ist er ausgezogen. Er lebt in Kassel. Er ist nicht verheiratet und Enkel habe ich leider auch keine.« Sie seufzte.

Frank trommelte mit seinen Fingern auf die Sitzfläche neben sich. Na und?, dachte er herzlos. Das war die übliche Geschichte, wahrscheinlich war es der Frau einfach langweilig. Der Sohn war weit weg und kümmerte sich vermutlich nicht um seine Eltern. Frank selber hatte sich auch schon lange nicht mehr bei seinen Erzeugern gemeldet. Und die wohnten in Wertheim, also quasi um die Ecke.

Der Gedanke an die beiden alten Leutchen und sein damit verbundenes schlechtes Gewissen stimmten ihn gnädiger. »Und Ihr Mann?«, fragte er. Warum der Alten nicht ein bisschen die Zeit mit belanglosem Geplauder vertreiben?

»Der ist tot.«

Mist, Fettnäpfchen zielgenau getroffen. »Das tut mir leid«, antwortete er lahm.

»Ach, das braucht es nicht. Ich bin froh, dass ich ihn loshabe. Er war ein Despot! Ein Tyrann!«

Oha! Was für Töne aus dem Mund dieser reizenden

älteren Dame? »Das tut mir leid«, fiel ihm auch darauf keine bessere Antwort ein.

»Ach, *mir* tut es leid. Und zwar, dass ich mir das alles so lange habe gefallen lassen«, schlug die freundliche Seniorin selbstkritische Töne an. »Aber, wissen Sie …« Sie wandte sich zu ihm und legte ihre Hand auf seinen Arm. »Ich bin noch eine andere Generation als Sie. Da lässt man sich nicht gleich scheiden.« Ihre Knopfäuglein blickten geistesabwesend in die Ferne. »Tja, früher war nicht alles besser. Mein Vater wollte damals, dass ich Friedrich heirate. Wir hatten eine kleine Schreinerei. Familienbetrieb. Friedrichs Sippe war unser größter Lieferant. Die haben, oder besser gesagt hatten, riesige Grundstücke. Auch viel Wald. Friedrich war der einzige Sohn und handwerklich begabt. Der ideale Schwiegersohn.« Jetzt drehte sie sich wieder ihm zu und musterte ihn aufmerksam. »Meine Eltern hatten beide etwas dagegen, dass *ich* unseren Betrieb übernehme. Das sollte ihrer Meinung nach ein Mann machen. So waren die Zeiten damals. Eine unverheiratete Frau als Chefin in einem Schreinereibetrieb? Wer würde denn da Aufträge vergeben? Das hat mir mein Vater gleich klargemacht.« Sie ballte ihre runzeligen Hände zu Fäusten. »Ich sollte also heiraten und der passende Kandidat, Friedrich, war ja schon gefunden. Er war im richtigen Alter und brachte gleich Ländereien mit in die Ehe. Und – so schlecht sah er schließlich gar nicht aus – ›der könnte jede haben mit seinem Geld‹.« Sie atmete zitternd aus. »Das hat meine Mutter zu mir gesagt. Von wegen Solidarität unter Frauen!« Nun funkelten ihre dunklen Augen wütend. Ich hätte Nein sagen sollen. Einfach durchbrennen. Aber ich habe mich nicht getraut. Viel musste ich ja nicht tun, außer Ja sagen und möglichst bald für einen Stammhalter sorgen. Nun, wenigstens das ist mir dann gelungen.« Plötzlich klang sie, als sei sie den Tränen nahe.

»Hm.« Mehr fiel Frank nicht dazu ein. Er fühlte sich nicht ganz wohl in seiner Haut. Hoffentlich fing die Frau jetzt nicht an zu heulen. Er sah zu der Touristengruppe hinüber, die sich langsam durch den Abteigarten bewegte. Ein Klostermitarbeiter erklärte wild gestikulierend die dort wachsenden Pflanzen.

Der Blick der alten Dame folgte dem seinen, ihre Schultern strafften sich. »Ich hätte mein Schicksal viel früher in die eigene Hand nehmen sollen«, bedauerte sie, nun wieder mit festerer Stimme.

Ein paar Meter entfernt zupfte der Führer im Klostergarten soeben eine Nadel von einem üppigen Rosmarinbusch, zerrieb sie zwischen seinen Fingern und schnupperte daran. Dann forderte er seine Schäfchen um sich herum auf, es ihm gleichzutun.

Einen Moment schwiegen Frank und seine Sitznachbarin, während sie den Fortgang der Gartenführung beobachteten. Dann ging ein Ruck durch die Seniorin. »Wer hätte gedacht, dass das Kloster mit seinem wundervollen Garten die Lösung meines Problems sein könnte.«

Frank räusperte sich. So ganz war ihm nicht klar, worauf die Alte mit diesem Themenwechsel hinauswollte.

War sie eben noch ein weinerliches Häufchen Elend gewesen, hörte sie sich nun sehr entschlossen an. Vielleicht war sie ja auch dement? Kam es da nicht immer wieder zu Stimmungsschwankungen? »Äh, sind Sie allein hier?«, fragte er nach. Womöglich war sie aus einem Pflegeheim ausgebüxt und wurde bereits verzweifelt gesucht!

»Nein, nein. Mein Sohn hat mich gefahren. Sonst bin ich ja immer mit der Bahn hierhergekommen und das Stückchen vom Bahnhof gelaufen, aber ich bin nicht mehr die Jüngste.«

»Und wo ist Ihr Sohn jetzt? Besichtigt er das Kloster?« Hoffentlich stimmte die Geschichte.

»Ja, er wollte sich die Kirche anschauen und anschließend in den Klosterladen gehen. Wissen Sie, er lebt in Kassel und kommt nicht so oft dazu, hier einzukaufen.«

Das mit Kassel hatte sie schon erwähnt.

»Er ist der Letzte, der mir von der Familie geblieben ist. Meine Eltern und Schwiegereltern sind schon lange tot. Und mein Mann musste den Betrieb schließlich verkaufen, weil Friedrich junior ihn nicht übernehmen wollte. Tja, da hat ihm sein Stammhalter nichts genutzt. Er hat ihn mit seinem Jähzorn aus dem Haus getrieben.«

Frank hatte inzwischen hinreichend mitbekommen, dass die Ehe der Dame wohl nicht glücklich gewesen war. Dann konnte sie ja froh sein, dass der werte Gatte das Zeitliche gesegnet hatte.

»Ich bin erleichtert, dass er endlich tot ist«, erklärte sie prompt und musterte ihn abermals neugierig: »Sind Sie *glücklich* verheiratet?«

Frank wand sich. »Was heißt schon glücklich …«

»Sie können sich scheiden lassen. Oder eine Trennung auf Probe vollziehen. Heutzutage geht das alles viel einfacher. Nicht, dass es zu meiner Zeit gar nicht möglich gewesen wäre, aber ich habe da irgendwie den richtigen Zeitpunkt verpasst.« Sie seufzte erneut tief. »Irgendwann saß ich dann da. Mit einem unzufriedenen Ehemann, den ich nie geliebt habe und der aufgrund seiner Herzprobleme unseren Betrieb verkaufen musste, weil er vorher unseren Sohn als möglichen Nachfolger mit seiner Unbeherrschtheit vertrieben hatte.«

Was sollte er dazu noch sagen? Frank schwieg. Seine eigene Ehe wollte er hier und jetzt lieber nicht diskutieren. Schon gar nicht mit einer leicht verwirrten Alten. Denn durcheinander schien seine Sitznachbarin ihm schon zu sein. Zumindest ein kleines bisschen.

»Ich saß also da«, wiederholte sie. »Mit einem unzufriedenen kranken Mann, der außer mir niemanden hatte, den er mit seinen Launen quälen konnte. Was sollte ich da tun?« Das war natürlich eine rhetorische Frage. Wieder vergingen ein paar Sekunden des Schweigens, bevor sie sich ein weiteres Mal Frank zuwandte. Ihr Gesicht näherte sich seinem Ohr. Ihr Atem kitzelte seine Wange. »Wissen Sie, was ich getan habe?«

»N… nein.« Er versuchte auszuweichen.

Pause.

»Ich hab ihn umgebracht.« Sie lehnte sich wieder zurück und verschränkte selbstzufrieden die Arme vor der Brust.

»Aha.« Also war sie doch ein wenig mehr als nur ein bisschen verwirrt. Er rutschte weiter weg von ihr.

»Das war wirklich ganz einfach. Er war ja herzkrank. Hatte ich das schon erwähnt? Schon seit vielen Jahren, aber er ist einfach nicht gestorben.« Jetzt lachte sie leise und es klang durchaus fröhlich. »Und da kam es mir zugute, dass ich mich schon immer für Pflanzenkunde interessiert habe.« Sie deutete in Richtung der Besuchergruppe, die sich wie aufs Stichwort um eine blau blühende Blume gruppierte. »Eisenhut.«

Frank saß bereits auf der äußersten Kante der Bank, weiter konnte er nicht von ihr abrücken. Die Alte war nicht nur ein wenig, nein, sie war komplett durchgeknallt!

»Der Eisenhut ist die giftigste Pflanze Europas«, referierte sie vermutlich dasselbe, was der Führer drüben soeben seinen interessierten Zuhörern erzählte. »Aufgrund ihres extrem hohen Giftgehalts darf sie gar nicht als normales Heilkraut verwendet werden. Nur in der Homöopathie findet sie Anwendung.« Ein Lächeln umspielte ihre Lippen, während sie sprach.

Ob das Anzeichen von Demenz waren? Oder war sie einfach »nur« verrückt?

»Alle Teile des Eisenhuts sind giftig. Hochgiftig!«, wusste die mörderische Seniorin weiter. »Vor allem aber die Wurzel und die Samen. Deshalb habe ich auch eine Wurzel von der Pflanze dort drüben ausgegraben.« Sie kicherte, während sie in Richtung der schönen blauen Blütenstauden wies. »Und wissen Sie, was dabei passiert ist?«, juchzte sie.

»Äh, nein.« Sie wurde dabei erwischt? Bekam Hausverbot? Man hat sie festgesetzt und im Kloster eingesperrt, um sie zur Vernunft zu bringen? Franks Gedanken rasten. Er konnte einfach nicht glauben, was er da gerade hörte.

»Stellen Sie sich vor: Ich habe meinen Ehering verloren. Ein schmaler goldener Ring ohne Steine, mehr war ich meinem Mann wohl nicht wert.« Triumphierend zeigte sie ihm ihre runzelige, leicht verkrümmte und vor allem unberingte Hand. »Das muss beim Ausgraben der Wurzel passiert sein. Wenn das kein Zeichen ist!«

»Dann weiß ich es auch nicht«, murmelte Frank verstört. Er sah sich um. Waren hier irgendwo Krankenpfleger unterwegs, die nach ihrer verloren gegangenen Patientin suchten?

Die Alte neben ihm lachte derweil vergnügt weiter. »Und dann war es ganz einfach. Friedrich hat schon immer alles aufgegessen, was ich ihm vorgesetzt habe. Deshalb hatte er auch ein bisschen Übergewicht. Er hat zwar, als ich ihm sein Essen vorgesetzt habe, rumgenörgelt. So wie sonst auch immer. Dass es ihm nicht schmeckt, dass es zu kalt oder zu heiß wäre. Aber gegessen hat er es trotzdem. Immer. Dieses Mal auch. Und endlich«, sie machte eine Kunstpause, »ist mein geliebter Gatte nach langer und schwerer Krankheit von uns gegangen!«

»Oh!« Die hatte definitiv nicht mehr alle Tassen im Schrank. Die erzählte ihm doch Märchen! Gut möglich, dass sie selber an das glaubte, was sie von sich gab, aber so ein Giftmord würde doch niemals unentdeckt bleiben.

»Ich musste Friedrich nur ein kleines bisschen sauber machen und herrichten, bevor ich unseren langjährigen Hausarzt angerufen habe. Der hat dann gar nicht lange gefackelt und einen natürlichen Tod attestiert. Mein Mann war ja auch schon lange herzkrank – was sollte er ihn dann noch großartig untersuchen. Zumal Friedrich, was die Ernährung anging, immer schon *so* unvernünftig war. Ich hatte dem alten Doktor öfter mein Leid deshalb geklagt.« Die dunklen Knopfaugen funkelten ihn an. »Sie sehen, ich habe an alles gedacht!«

Frank nickte langsam.

»Und ich bereue nichts«, fuhr die Alte fort. »Außer vielleicht, dass ich es nicht schon früher getan habe.«

»Dass du was nicht schon früher getan hast?«

Frank schrak zusammen. Ein modisch gekleideter Mann in etwa seinem Alter war hinter sie getreten und legte nun eine Hand auf die Schulter seiner Gesprächspartnerin.

»Das ist mein Sohn«, stellte die Frau den Fremden vor und legte ihrerseits eine Hand auf seine. »Hast du etwas Schönes gekauft?«, fragte sie.

»Eine Kiste Wein. Die ist schon im Auto.« Der Mann umrundete die Bank und bot seiner Mutter den Arm. »Hat Sie Ihnen wieder Schauermärchen erzählt, wie Sie meinen Vater angeblich um die Ecke gebracht hat?«, wandte er sich an den sichtlich verstörten Frank, der kaum merklich zustimmend den Kopf neigte.

»Rede nicht über mich, als wäre ich nicht da«, begehrte seine Mutter auf. »Oder als sei ich nicht zurechnungsfähig! Pah! Ich habe dem netten jungen Herrn nur erzählt, wie ich mein Schicksal endlich selbst in die Hand genommen habe. Im wahrsten Sinne des Wortes.« Sie erhob sich ächzend und sah ein letztes Mal zu den blauen Blumenstauden hinüber, die ganz unschuldig dastanden. Die Gartenführung war inzwischen beendet, die Besuchergruppe zerstreute sich gerade. »Machen Sie es gut«, verabschiedete sich die alte Dame von Frank.

Ihr Sohn warf einen entschuldigenden Blick über seine Schulter zurück. Dann führte er seine Mutter in Richtung Ausgang davon.

Frank atmete auf und lehnte sich zurück. Dabei entspannte er sich endlich. Einen Moment lang hatte er doch tatsächlich geglaubt, neben einer Giftmörderin zu sitzen. Jetzt musste er über sich selbst lachen.

»Na, was gibt es so Lustiges?« Diesmal war es seine Frau, die zu ihm trat, dicht gefolgt von ihren Freunden aus Bremerhaven.

»Ach, nichts«, antwortete Frank. »Wie war die Führung durch den Klostergarten?«

Begeistert hüpften die Zwillinge heran. »Spitzenmäßig obercool!«, meinte Meike.

»Supertoll!«, ergänzte Martha. »Und schau mal, was wir gefunden haben!« Sie streckte ihrem Vater ihre Faust entgegen und öffnete sie mit großer Geste, um einen schmalen goldenen Ring zu offenbaren. »Der lag in der

Erde, bei der schönen blauen Pflanze. Dürfen wir den behalten?«

»Auf keinen Fall«, schaltete Franks Frau sich ein und nahm das Schmuckstück an sich. »Wir gehen jetzt sofort Hände waschen. Diese schöne blaue Pflanze ist nämlich hochgiftig. Kommt!«, forderte sie die murrenden Zwillinge auf. Sie trieb die beiden Mädchen in Richtung der Verwaltungsgebäude. Die Freunde aus Norddeutschland schlossen sich mit einem Nicken an.

»Passt du bitte solange darauf auf? Ich gebe ihn nachher bei der Verwaltung ab – der wird sicher schon vermisst.« Seine Frau war noch einmal zurückgelaufen und übergab Frank den Ring. Dann eilte sie ihren Töchtern nach, die schon wieder vom Weg abkamen.

Frank blickte dem kleinen Grüppchen hinterher. Er besah sich das Schmuckstück in seiner Hand genauer. Trotz der sommerlichen Temperaturen fröstelte ihn plötzlich, als er die Gravur im Inneren las: »Maria und Friedrich, 19.07.1968«.

03 – ES LEBE DIE FREUNDSCHAFT
(TAUBERBISCHOFSHEIM;
KURMAINZISCHES SCHLOSS)

»Hallo, liebe Hörerinnen und Hörer, die sich gerade zugeschaltet haben. Sie hören Radio Te-Be-Be auf UKW, die frische Welle aus dem Taubertal. Heute feiern wir den Tag der Freundschaft. Und da habe ich auch gleich einen ganz besonderen Ohrwurm für Sie: ›Friends Will Be Friends‹ von Queen.«

Er schaltete das Radio aus. Freunde! Dass er nicht lachte! Wenn man einen brauchte, war eh keiner da. Das hatte er in den letzten Monaten schmerzlich erfahren müssen. Als sein Vater gestorben war und er plötzlich allein mit dem Laden dastand.

Ein guter Geschäftsmann war er nie gewesen und auch das Handwerkliche lag ihm nicht besonders. Letzteres hatte immer sein Vater erledigt, für die Buchführung war seine eigene Frau zuständig gewesen. Seine Ex-Frau, um genau zu sein. Sie hatte ihn verlassen, nachdem es mit dem Geschäft immer schlechter gelaufen war. Ihm selber lag eher die künstlerische Seite des Juwelierberufs, und eben leider nur die. Er entwarf exquisite Einzelstücke. Bedauerlicherweise waren die solventen Käufer dafür dünn gesät und würden nicht ausreichen, um ihn vor der drohenden Insolvenz zu bewahren. Die Tage seines Juwelierladens waren gezählt. Nicht mehr lange und er würde ein letztes Mal aus dessen Tür treten, sie abschließen und darauf warten, dass sich endlich das Gitter vor dem Eingang gesenkt hatte. Und dabei würde er ganz allein sein ... Von wegen Freunde!

*

»Ein Freund, ein guter Freund, das ist das Schönste, was es gibt auf der Welt ...«, schallte es aus dem Autoradio. Paul-Friedrich Osterwald sang dröhnend und vor allem falsch mit.

»Mach das Gedudel aus und halt die Fresse, das kann man ja nicht mit anhören!«, blaffte sein Kumpel Alfred Haberstroh vom Rücksitz.

»Och, Alfi!«

Der bullige Mittdreißiger hasste es, »Alfi« genannt zu werden. Wenn man seinen Namen schon abkürzen musste, dann »Fred« oder seinetwegen auch »Alf«, aber keinesfalls, unter keinen Umständen »Alfi«! Da hörte die Freundschaft auf, die sein Kumpel Paul und die Comedian Harmonists weiterhin lautstark und unermüdlich besangen.

»... und biiist du auch betrübt, weil dein Schatz dich nicht mehr liebt ...«

Sehnsüchtig betrachtete Alfred die beiden Waffen in dem aufgeklappten Aktenkoffer auf dem Rücksitz neben sich. Zwei Walther P5. Es juckte ihn in den Fingern, Paul eine davon an die spärlich behaarte Schläfe zu halten und ihn damit zur Ruhe zu zwingen. Aber er beherrschte sich. Paul-Friedrich war sowieso schon nicht der beste Autofahrer, da wollte er ihn nicht noch weiter aus dem Konzept bringen. Wie zur Bestätigung seiner Gedanken machte der Wagen einen unkontrollierten Schlenker auf die Gegenfahrbahn. Ein sich nähernder Lkw reagierte mit Lichtzeichen.

»Ups!« Paul steuerte gegen und holperte kurz über den Grünstreifen neben dem rechten Fahrbahnrand. Beinahe hätte er einen Leitpfosten mitgenommen.

Alfred Haberstrohs Hand fuhr unwillkürlich an den Haltegriff über der Seitenscheibe. »Pass doch auf!«

Der Lastwagenfahrer passierte sie mit kreischender Hupe. Der Wagen schlingerte.

»Und mach endlich das Gedudel aus!« Inzwischen umklammerte Fred den Griff mit beiden Händen.

»Gute Freunde kann niemand trennen …«, verkündete Franz Beckenbauer derweil aus dem Rundfunkgerät.

»Die haben heute das Thema Freundschaft auf Radio Te-Be-Be«, erklärte Paul. Überflüssigerweise. Anders war die eigenwillige Musikmischung seines Lieblingssenders nicht zu erklären.

Fred stöhnte.

»… gute Freunde sind nie allein …«, wusste der »Kaiser« weiter.

Paul brachte den in die Jahre gekommenen Golf endlich wieder in die Spur und gab sogleich erneut Gas.

Sie näherten sich dem Ortsschild von Tauberbischofsheim.

»Fahr nicht so schnell! 50 sind hier erlaubt«, nörgelte Fred.

Abrupt trat Paul auf die Bremse. Hinter ihnen setzte augenblicklich ein weiteres Hupkonzert ein.

»… füreinander da zu sein!«, pries Beckenbauer unbeeindruckt die Vorteile der Freundschaft.

Bei Alfred war es mit derselben gleich vorbei. »Jetzt stell endlich das Gejammere ab. Das grenzt ja an Körperverletzung!« Seine Hände, die er gerade vorsichtig vom Haltegriff zurückgezogen hatte, zuckten nun wieder in Richtung der beiden Handfeuerwaffen neben sich. Warum hatte er sich auch nicht beherrschen können? Er hatte es immer gewusst, dass Rauchen ungesund war. Trotzdem war er vorletzten Samstag noch mal spätabends losgefahren, um Zigaretten zu holen. Eigentlich hatte er schon lange damit aufgehört, also mit dem Rauchen. Aber nach ein paar Bierchen war er schwach geworden. Und dann hatte er es auf dem Rückweg gar nicht abwarten können: Er hatte sich gleich eine anzustecken versucht. Dabei war er ins Schlingern gekommen, hatte das Polizeifahrzeug zu spät gesehen und … jetzt hatte er keinen Führerschein mehr. Er ärgerte sich über seine Unbeherrschtheit, das hatte er nun davon. »Halt! Siehst du nicht, es ist rot!«, brüllte er seine Wut heraus.

Mit quietschenden Reifen kamen sie zum Stehen. Der Motor erstarb.

»… und scheiß auf ›Freunde bleiben‹«, zog im Radio Revolverheld jetzt andere Saiten auf, bevor Paul endlich ausschaltete.

»Eine bunte Mischung, da ist für jeden was dabei«, lobte er den lokalen Sender unbeirrt.

Die Ampel schaltete auf Grün. Paul nestelte am Zündschlüssel und würgte erneut den Motor ab. Hinter ihnen begann schon wieder jemand zu hupen.

Endlich setzten sie sich in Bewegung. Im Schneckentempo fuhren sie nun durch die Straßen von Tauberbischofsheim. Der ungeduldige Verkehrsteilnehmer von eben zog, immer noch hupend, bei der nächsten Gelegenheit an ihnen vorbei und drohte mit der Faust.

Fred ballte die seinen gleichfalls, allerdings im Schoß. »Was ist, findest du den zweiten Gang nicht?«, knirschte er.

»Äh, ich dachte …«

»Überlass das Denken mir!«, fuhr Fred ihm über den Mund. »Hier, jetzt rechts«, dirigierte er kurz darauf.

Munter setzte Paul den Blinker und bog zügig nach links ab.

Sein Kumpel schnaufte mühsam beherrscht durch. »Ich hätt' es mir denken können«, murmelte er vor sich hin. »Das andere rechts«, sagte er laut. »Und jetzt mach hinne. Die schließen um sechs.«

Es dauerte eine gefühlte Ewigkeit, bis Paul endlich gewendet hatte. Glücklicherweise war in dieser Gegend kein Verkehr mehr. Es waren Sommerferien, die Leute waren verreist oder tummelten sich in der Innenstadt.

Die Grundschule, die sie kurz darauf passierten, lag wie ausgestorben da.

»Weißt du noch, damals?«, schwelgte Paul-Friedrich mit Blick auf das Schulgebäude in Erinnerungen.

»Hm«, brummte Alfred Haberstroh. Er wollte lieber nicht daran denken. Sie waren beide Außenseiter gewesen. Er als Wiederholer und Paul als der Neue mit dem komischen Dialekt, zugezogen aus Norddeutschland. Dabei war es geblieben, der vierschrötige Alfred legte keinen Wert auf den Kinderkram der anderen und Paul machte sich durch seine Tollpatschigkeit genauso wenig beliebt. Er ließ kein Fettnäpfchen aus und verriet, wenn auch zumeist unabsichtlich, jedes Geheimnis. Trotzdem hatte Fred ihn immer wieder für seine Zwecke eingespannt. Einfach deshalb, weil er der Einzige war, der seine Betrügereien mitmachte. So hatten sie sich mit vereinten Kräften durch die Schulzeit geschlagen, teilweise im wahrsten Sinne des Wortes, zumindest was Alfred betraf.

Danach waren gemeinsame Aktivitäten seltener geworden. Paul gelang es, einen Ausbildungsplatz zum Landschaftsgärtner zu ergattern. Fred hielt sich mit Gelegenheitsjobs über Wasser. Man traf sich manchmal freitagnachts in der Kneipe. Paul berichtete dann immer von seinen diversen weiblichen Internetbekanntschaften. Keiner dieser Flirts hielt lange. Früher oder später kamen die Frauen dahinter, mit was für einem Chaoten sie ausgegangen waren, und beendeten die Beziehung. Und es dauerte ebenfalls nicht allzu lange, bis Pauls Arbeitgeber herausfand, dass der neue Azubi statt über einen grünen Daumen leider nur über zwei linke Hände verfügte, und sich deshalb nach Beendigung der Lehrzeit von ihm trennte.

Die Treffen in der Kneipe nahmen daraufhin zu und Alfred bezog Paul wieder öfter in seine, zum Großteil kriminellen, Machenschaften mit ein. Der war willig, aber nach wie vor geschwätzig. Das brachte Fred schließlich einen sechsmonatigen Gefängnisaufenthalt, aber auch neue Kontakte ein. Und einer dieser neuen Bekannten hatte ihm den Tipp mit dem Juwelier am Schlossplatz gegeben. Der fertigte nämlich in seiner Werkstatt ausgesuchte Einzelstücke an und das Material dazu wurde jeweils montagnachmittags geliefert. Montags war der Inhaber außerdem allein im Laden und der Schlossplatz kaum besucht, da das namensgebende Kurmainzische Schloss samt des darin befindlichen Tauberfränkischen Landschaftsmuseums an diesem Tag für Besucher geschlossen war. Ebenso wie der anliegende Türmersturm, ein weiterer Bestandteil der ehemaligen Wasserburg.

Als hätte er seine Gedanken gelesen, plapperte Paul los: »Schade, dass heute Ruhetag ist. Warst du schon mal auf dem Turm? Man soll da eine ganz fantastische Sicht über die Stadt haben.«

Ging es noch? Fred glaubte, nicht recht zu hören. Sie planten gerade einen Überfall und sein Komplize ließ sich über Sehenswürdigkeiten aus. Hatte der den Schuss noch gehört? Apropos. Es war wohl besser, diesem Unglücksvogel keine geladene Waffe in die Hand zu geben. Schnell entfernte er die Magazine aus den beiden Walther P5. »Da vorne kannst du anhalten«, unterbrach er dann die Lobeshymnen seines Begleiters auf den im 13. Jahrhundert errichteten Wehrturm.

»28 Meter ist er hoch.« Schob Paul ein letztes Detail nach und unterstrich seine Aussage, indem er den Arm entsprechend anhob. Der Wagen machte einen weiteren Schlenker und holperte mit dem rechten Vorderreifen über den Bordstein.

Alfred sah auf die Munition in seiner Hand, bevor er sie fest zur Faust schloss. »Da vorne hältst du an.«

Paul hätte sowieso keine andere Möglichkeit gehabt, wenn er nicht zwischen zwei Pfeilern hindurch in die beginnende Fußgängerzone fahren wollte. Bei ihm konnte man da allerdings nicht sicher sein.

Während Fred noch die Patronen verstaute und dabei zumindest versuchte, seinem Kumpel die geplante Vorgehensweise ins Gedächtnis zu brennen, staffierte der sich schon mit Schiebermütze, Sonnenbrille und einem albernen künstlichen Schnurrbart, die er zuvor im Handschuhfach deponiert hatte, aus. Fred legte ebenfalls Brille und Mütze an. Als sie auf diese Weise kostümiert aus dem Wagen gestiegen waren, baute sich Paul neben ihm auf und salutierte. Die Handfeuerwaffe hatte er sich vorne in den Hosenbund geschoben. Alfred verkniff sich einen Kommentar über die Gefahr, die diese Art der Aufbewahrung mit sich brachte, pries insgeheim seine Weitsichtigkeit, die Munition entfernt zu haben, und sah auf die Uhr.

17.45 Uhr. Es wurde Zeit.

*

Dreiviertel sechs. Irgendwo schlug eine Kirchturm-
uhr. Ekkehard Klotz beschleunigte seinen Schritt und
blickte unwillkürlich auf sein linkes Handgelenk. Aber
da war nur ein Streifen etwas blasserer Haut statt seiner geliebten Stimmgabeluhr, die er sonst nie ablegte.
Vor sieben Tagen war sie plötzlich stehen geblieben
und der Juwelier am Schlossplatz, zu dem er sie umge-
hend gebracht hatte, hatte das ungewöhnliche Modell
mit einer Mischung aus Faszination und Ratlosigkeit
betrachtet. »Die muss ich einschicken«, hatte er ihm
dann beschieden und hinzugefügt: »Das kann ein paar
Tage dauern.« Was war ihm also anderes übrig geblieben, als seinen Augapfel den Händen der Experten zu
überlassen?

Seither fühlte er sich irgendwie nackt. Immer wieder wanderte sein Blick zu seinem verwaisten Handgelenk. Er brachte es nicht übers Herz, sein Schätzchen
für die Dauer der Reparatur durch ein billiges digitales
Modell zu ersetzen.

Als ihn am heutigen Nachmittag endlich der erlösende
Anruf aus dem Juwelierladen erreicht hatte, hatte er sich
gar nicht schnell genug auf den Weg machen können.
Warum rief der erst um kurz vor fünf am Nachmittag
an? Wenn die Uhr heute gekommen war, musste sie doch
bereits am Morgen angeliefert worden sein, überlegte
Ekkehard ärgerlich. Solche Zustellungen kamen doch
nicht kurz vor Feierabend. Je länger er darüber nach-
dachte, desto wütender wurde er. Wahrscheinlich war
seine Uhr, wie ursprünglich avisiert, bereits am vergan-

genen Freitag angekommen und dieser Kretin von einem Juwelier hatte schlicht versäumt, ihn über deren Eintreffen zu informieren. Na, der konnte was erleben! Ohne einen Blick für die schöne Fachwerkfassade des einstigen Kurmainzischen Schlosses zu erübrigen, stürmte er auf die Eingangstür des Juweliers »Mattenzwirn« zu.

Mattenzwirn hat kein Hirn!, dachte er an die Schmähsprüche aus Jugendtagen, mit denen er und seine Freunde den Sohn des ortsansässigen Geschäftsmannes bedacht hatten. Seine und die Clique um Matthias Mattenzwirn waren damals erbitterte Feinde gewesen. Natürlich war das lange her und sie waren schließlich beide erwachsen und vernünftig, wie man meinen konnte. Und immerhin war Ekkehard mit seiner defekten Uhr ja auch zu dem ehemaligen Schulkollegen gegangen. Nun ja, hauptsächlich deshalb, weil sein Opa – Gott hab ihn selig – das gute Stück damals in dem Laden am Schlossplatz erworben hatte. Beim alten Mattenzwirn, dem Großvater von Matthias und einem Uhrmacher-Spezialisten. Dessen Ruf war weit über die Stadtgrenzen hinaus bekannt gewesen. Sein Enkel hatte scheinbar nichts von der Fertigkeit seines Urahnen geerbt. Musste seine kaputte Uhr an irgendwelche Spezialisten weiterschicken. Kein Wunder, dass sein Geschäft, wie man munkelte, vor der Pleite stand, dachte Ekkehard gehässig.

Das war das letzte Mal, dass er diesen Laden betreten würde, nahm er sich vor, als er vor dessen Eingangstür stand, und ahnte nicht, in welch fataler Weise sich dieser Vorsatz erfüllen würde.

Zunächst ärgerte er sich über die respektlose Begrüßung des »hirnlosen Mattenzwirns«.

»Ekke, die Zecke!«

Der Laden war leer, aber trotzdem war die Anrede einem Kunden gegenüber nicht angemessen.

Was der konnte, konnte Ekkehard schon lange: »Matze, du Fratze!«, konterte er.

»Na, wer gleich eine Fratze zieht, werden wir ja sehen.« Matthias lachte höhnisch und wedelte mit einer Plastiktüte vor seiner Nase herum. »Die Experten konnten deinem Schätzchen leider nicht mehr helfen.«

Ekkehard erkannte seine geliebte Uhr in dem durchsichtigen Beutel. Er sah ein bisschen so aus wie diese Tüten, in denen die Fernsehkommissare im »Tatort« ihre Beweisstücke sicherten. Er wollte danach greifen, aber der Juwelier entzog ihm das begehrte Objekt. »Erst bekomme ich 97,80 von dir.«

»Spinnst du?«

»Na, na, wie redest du denn mit mir? Das ist nicht klug. Ganz und gar nicht klug!« Er fuchtelte weiter mit der Tüte vor ihm herum.

Plötzlich war Ekkehard wieder 16 Jahre alt und betrachtete wütend die Kratzer in Form eines männlichen Geschlechtsorgans am Tank seines nagelneuen Mopeds. Er hatte sofort seinen Erzfeind, Matthias Mattenzwirn, in Verdacht gehabt und daraufhin kurzen Prozess gemacht: Im Sportunterricht hatte er die protzige Uhr des Juwelierssohns geklaut, mit deren diversen Spezialfunktionen jener noch am Morgen angegeben hatte.

Als er den Verlust bemerkt hatte, hatte sein Rivale einen Riesenaufstand angezettelt. Mit seinen Schergen hatte er die ganze Umkleidekabine durchsucht, aber Ekkehard war mit dem guten Stück schon über alle Berge gewesen. Oder besser gesagt auf dem Türmersturm, wo er auf seinen Widersacher wartete. Es war ein regnerischer Tag gewesen, deshalb hatten sich nur wenige Besucher auf dem Wahrzeichen Tauberbischofsheims befunden. Ekkehard war also fast alleine in den Genuss des herrlichen Rundumblicks auf die Kreisstadt gekommen.

Endlich hatte er Matthias den Schlossplatz betreten und auf den elterlichen Laden zusteuern sehen. Jetzt! Mit einem gezielten Wurf war der Zeitmesser direkt vor den Füßen seines Kontrahenten gelandet. Nicht umsonst war Ekkehard Kreisläufer in der Handball-Schulmannschaft gewesen. Zielgenau werfen war eine seiner Stärken. Die Uhr hatte den Sturz nicht überstanden und sein Widersacher hatte genau gewusst, wem er es zu verdanken hatte, dass fortan wieder eine »einfache« Swatch sein Handgelenk zierte.

»Eins zu Eins«, hatte ihm Ekkehard am nächsten Tag im Vorbeigehen zugeraunt. Viele weitere »Streiche« zwischen den befeindeten Cliquen waren gefolgt. Verschwundene Schulhefte, kompromittierende Fotos und einmal sogar eine gebrochene Nase, allerdings nicht die von Ekkehard oder Matthias, sondern die des Mathelehrers, der bei einer Rangelei hatte dazwischengehen wollen.

Das alles war lange Vergangenheit. Nach dem Abitur hatten sich ihre Wege getrennt. Soweit Ekkehard sich erinnerte, waren sie zu diesem Zeitpunkt auch quitt gewesen, was die gegenseitigen Seitenhiebe anging.

Doch Matthias' hasserfülltem Blick nach zu urteilen, den er ihm nun zuwarf, schien der das anders zu sehen. Ekkehard wurde wütend. Das Leben hatte sich dem Juwelierssohn nicht eben von seiner Schokoladenseite gezeigt, doch war das Ekkehards Schuld? Wie armselig war es, das bisschen Macht, das er mit der Stimmgabeluhr in der Hand hielt, gegen ihn auszuspielen?

»Kein Wunder, dass du vor der Pleite stehst, wenn du so mit deinen Kunden umspringst!«, schleuderte Ekkehard ihm wutschnaubend entgegen. »Viele scheinen es ja ohnehin nicht mehr zu sein.«

In dem Moment erklang das altmodische Türglöckchen in seinem Rücken. Matthias sah ihm über die Schulter und seine Augen weiteten sich vor Schreck.

*

So viel Betrieb herrschte selten an einem Montagabend auf dem Schlossplatz von Tauberbischofsheim. Mehrere Polizeiwagen mit und ohne blinkende Blaulichter, einige Privatfahrzeuge, zwei Kranken- und ein Leichenwagen standen kreuz und quer vor der Eingangstür des Juweliers »Mattenzwirn«. Hinter dem Absperrband hatten sich zahlreiche Schaulustige versammelt, die versuchten, einen Blick auf das Innere des Ladens zu erhaschen. In

Windeseile hatte es sich herumgesprochen, dass es beim Mattenzwirn am Schloss einen Schusswechsel gegeben hatte. Von mindestens einem Toten war die Rede.

Der Notarzt erhob sich und machte dem Kollegen von der Gerichtsmedizin Platz. »Schussverletzung im oberen Bauchraum«, erklärte er, »ein Zeuge hat versucht, ihm zu helfen, wie er sagt. Dabei hat er«, er deutete mit dem Kinn auf den Toten, »leider viel Blut und vor allem Zeit verloren.« Er überließ die Leiche dem Rechtsmediziner und ging ins Hinterzimmer, wo zwei weitere Sanitäter den unter Schock stehenden Zeugen untersucht hatten.

Matthias Mattenzwirn saß auf einem Hocker. Um seine Schultern lag eine Wärmedecke. Ein Polizeibeamter war bereits dabei, ihn zu vernehmen.

Flüsternd teilten die Kollegen dem Notarzt mit, dass der Patient stabil sei und auf eine weitere Behandlung verzichten wolle.

Der junge Uniformierte, der dem ermittelnden Hauptkommissar assistierte, machte sich eifrig Notizen: Zwei Männer, mittelgroß, beide kräftige Statur, Alter unbekannt. Durch Mützen, Sonnenbrillen und, wie der Zeuge behauptete, unechte Bärte war eine nähere Beschreibung nahezu unmöglich.

»Es ging alles so schnell«, seufzte Matthias Mattenzwirn.

»Haben die zwei etwas gesagt? Ist Ihnen da vielleicht was aufgefallen? Stimmlage, Dialekt, Sprachfehler?«

Der Zeuge schüttelte den Kopf. »Geredet hat nur der

eine, der mich aufgefordert hat, den Tresor zu öffnen.« Er atmete tief durch. »Er hat mich mit seiner Waffe bedroht, also habe ich mich nicht weiter auf eine Diskussion eingelassen. An seiner Stimme ist mir nichts Außergewöhnliches aufgefallen.« Er zuckte bedauernd mit den Schultern. »Der andere hat Ekkehard in Schach gehalten. Ekkehard ist der …«, er schluckte, »das ist der Tote. Er wollte seine Uhr abholen. Der Blödmann hat auf den Räuber eingeredet. Ihn provoziert. Ich habe mehr auf ihn geachtet und immer gedacht: Warum hält der nicht die Klappe?, während ich den Tresor geöffnet habe und alles dem anderen in die Tasche gepackt habe. Die hatten übrigens beide so Einmalhandschuhe an.«

»Hm.« Der Kommissar nickte. »Wir brauchen trotzdem eine Liste ihrer Kunden, wegen der Fingerabdrücke.«

Der Juwelier reagierte nicht auf seinen Einwurf, sondern redete weiter: »Und dann hat der plötzlich geschossen. Wahrscheinlich wollte er Ekke einfach zum Schweigen bringen …«

*

»Sind das Diamanten?«, fragte Paul aufgeregt.

»Nein, Kieselsteine«, brummte Alfred Haberstroh.

»Kiesel? Die sind aber klein und …«

»Natürlich sind das Diamanten«, fuhr Alfred ungehalten dazwischen und fügte leise hinzu: »Das hoffe ich zumindest.« Er konnte es immer noch nicht glauben, wie reibungslos alles geklappt hatte. Der Juwelier hatte ohne große Widerworte den Tresor geöffnet und ihm dessen Inhalt in die mitgebrachte Tasche geleert, während Paul, ausnahmsweise kommentarlos, den Kunden mit seiner ungeladenen Waffe in Schach gehalten hatte. Das Ganze hatte keine zehn Minuten gedauert. Niemand hatte ein überflüssiges Wort gesagt, keiner hatte versucht, den Helden zu spielen. Einen Moment lang war ihm beinahe das Herz stehen geblieben, als er im Tresor neben den Diamanten, dem Gold und einigen Papieren eine Waffe erkannt hatte. Aber der Juwelier ließ sie links liegen. Vielleicht dachte er nicht daran oder er traute sich einfach nicht, sie zu benutzen. Mit zitternden Händen hatte er Alfred kurz darauf den gefüllten Jutebeutel übergeben und dann konnten sie sich ohne Zwischenfälle zurückziehen.

»Der hat sich beinahe in die Hose gemacht«, freute sich Paul und nahm nun endlich die Mütze ab.

Alfred durchfuhr ein Schreck und er deutete auf die Kopfbedeckung. »Hattest du *die* die ganze Zeit auf?«

»Klar! Ich wollte doch nicht, dass die mich an meiner Frisur erkennen.«

»Dass die lesen können, daran hast du nicht gedacht, was?«, brüllte Alfred. »Ich hab dir doch ne Mütze gegeben, die du aufsetzen sollst. Warum hast du eine andere genommen?«

»Die von dir hat mir nicht gefallen, da war so ein ekelhafter Totenkopf drauf.« Sein Kumpel besah sich die eigene Kappe und lachte unsicher auf. »Ups! Das habe ich gar nicht gemerkt. Da habe ich wohl die Falsche erwischt.« Auf dem Schild der schwarzen Mütze war in giftgrüner Farbe das Logo der Gartenbaufirma eingestickt, bei der Paul seine Ausbildung absolviert hatte. Aber damit nicht genug. Unter dem Schriftzug des Unternehmens stand, ebenfalls in grünen Lettern: »Es bedient sie: Paul-Friedrich Osterwald«.

*

Endlich war er allein. Das Spurensicherungsteam hatte seinen Laden versiegelt. Der Kommissar und sein Gehilfe hatten keine weiteren Fragen gehabt und waren abgezogen. Und die Leiche hatte man abtransportiert.

Er war über sich selbst erstaunt, dass sein Blutdruck bei der Untersuchung durch den Notarzt im Normbereich gewesen war. Sein Puls war etwas erhöht gewesen, aber das hatte niemand als beunruhigend empfunden. Am wenigsten er selber. Immerhin hatte er gerade seinen Erzfeind umgebracht.

Ja, es hatte ihn schon erstaunt, wie ruhig er dabei geblieben war. Die beiden Ganoven waren kaum aus der Tür gewesen, da hatte er selbst zur Waffe gegriffen und ohne mit der Wimper zu zucken Ekkehard Klotz erschossen. So schnell hatte der gar nicht reagieren können. Er hatte noch nicht einmal mehr ein »Spinnst du?« über seine Lippen gebracht, bevor er wie ein nasser Sack umgekippt war.

Matthias hatte sich die eigene Position gemerkt und

später der Polizei erzählt, da habe Paul-Friedrich Osterwald gestanden. Ohne natürlich dessen Namen zu nennen.

Er erinnerte sich an den Schüler, der die Klasse zwei
Stufen unter ihm selbst besucht hatte. Osterwald und
sein Kumpel waren immer wieder wegen irgendwelcher
Betrügereien aufgefallen. Dabei war er schon damals
»dümmer, als die Polizei erlaubt«. Keiner hatte sich
gewundert, dass dieser Trottel nach der neunten Klasse
die Schule verlassen hatte. Genau wie sein Kumpan, dieser grobschlächtige Typ. Wie hatte der noch gleich geheißen? Haberstroh. Matthias lachte vor sich hin. Dank der
schicken Mütze von diesem Osterwald hatte er die beiden Männer sofort erkannt. Und jetzt hatte er sie in der
Hand. Kein Mensch würde seine Version des Überfalls,
die er gerade bei der Polizei zu Protokoll gegeben hatte,
anzweifeln. Von der Versicherung bekäme er das Geld für
die gestohlene Ware wieder und den Rest würde er sich
von den Ganoven zurückholen. Ob Haberstroh wohl
schon gemerkt hatte, was sein Kumpel sich da geleistet hatte?

Er schenkte sich zur Belohnung einen Drink ein und
setzte sich in seinen Lieblingssessel, während er das
Radio einschaltete. »Hallo und guten Abend, Sie hören
immer noch Radio Te-Be-Be auf UKW, die frische Welle
aus dem Taubertal«, erklärte der Sprecher gerade. »Wir
feiern heute schon den ganzen Tag die Freundschaft.
Jetzt kommt Marilyn Monroe zu diesem Thema zu Wort
und sie findet: ›Diamonds are a girl's best friend …‹«

04 – TRIMM DICH TOT
(TAUBERBISCHOFSHEIM;
WALDERLEBNISPFAD HAMBERG)

»Leben, wo andere Urlaub machen.« Dieser Werbeslogan ging Carina Kammerfeld durch den Sinn, als sie ihren Wagen auf dem Parkplatz abstellte.

Es war Viertel nach sieben am Morgen. Für Carina eigentlich viel zu früh, wie sie gähnend feststellte, obwohl sie mal wieder zu spät dran war. Eigentlich hatte sie es sich nämlich zum Ziel gesetzt, um Punkt sieben hier aufzulaufen und eine Runde auf dem Trimm-dich-Pfad oder besser gesagt dem Walderlebnispfad zu drehen. Eine Runde durch die schöne Natur am Hamberg östlich von Tauberbischofsheim. Das würde ihr guttun. Sie nahm an, zu dieser Stunde alleine zu sein, und das war der Grund, weshalb sie sich zu so nachtschlafender Zeit aus dem Bett gequält hatte. Sie wollte für sich sein und in Ruhe nachdenken. Gleichzeitig konnte sie hier etwas für ihre in letzter Zeit so sträflich vernachlässigte Fitness tun und dabei vielleicht sogar Spaß und am Ende etwas Ablenkung haben. Immerhin erwarteten die Besucher des Pfades sieben Erlebnisstationen, an denen man nicht nur zu sportlichen Übungen angeleitet wurde, sondern auch seine Geschicklichkeit prüfen konnte. Das Ganze war ideal für Familien, die den Nachwuchs zu Bewegung an der frischen Luft animieren wollten, während sie hier im lieblichen Taubertal Urlaub machten. Carina hatte das Privileg, in dieser schönen Region zu leben.

Sie stieg aus ihrem Wagen und begann, sich warm zu machen. Auf der Stelle hüpfend lauschte sie dem frühmorgendlichen Vogelgezwitscher. Das und gelegentliches Rascheln begleiteten ihre Dehnübungen, ansonsten war es still. Die Luft war angenehm lau und noch nicht zu heiß. Es roch frisch, irgendwie grün, nach Tannennadeln und Holz. Ein Geruch, den sie mit unbeschwerten Jugendtagen verband. Sie schloss für einen Moment die Augen und genoss die Erinnerung daran, freute sich, heute Morgen die Disziplin besessen zu haben, so früh aufzustehen. All das konnte sie nach den unerfreulichen Szenen der letzten Wochen gut gebrauchen. Szenen einer Ehe, die leider nur noch auf dem Papier bestand. Ihr Vater hatte sie gewarnt, doch wie immer hatte sie es als Letzte und beinahe zu spät begriffen.

Zu spät. Es schien, als sei das der Fluch ihres Lebens: Immer kam sie zu spät.

Das hatte schon bei ihrer Geburt angefangen. Sie war zwei Wochen über der Zeit gewesen und man hatte die Niederkunft ihrer Mutter schließlich eingeleitet. Carinas Mutter war eine sogenannte Spätgebärende gewesen. Ihre Eltern hatten sich schon lange Nachwuchs gewünscht und nichts unversucht gelassen, aber erst nachdem sie die Hoffnung darauf aufgegeben hatten, war die Mutter schwanger geworden. Ein absolutes Wunschkind.

Die kleine Carina wuchs äußerst behütet auf, was ihre Neigung zum Trödeln und das mangelnde Zeitgefühl leider mehr und mehr ausprägte. Im Kindergarten und danach in der Grundschule hatte sie neben ihrer besorgten Mutter meist ein Au-pair-Mädchen an ihrer Seite, das auf sie achtete. Mit den Jahren allerdings, nachdem selbst ihre Mutter von ihr eine gewisse Selbstständigkeit erwartete, gab es immer wieder Ärger wegen ihres desaströsen Zeitmanagements. Regelmäßig mussten ihre Eltern bei der Schulleitung vorstellig werden, weil sich die Einträge im Klassenbuch aufgrund des Zuspätkommens ihrer Tochter häuften.

Wie ein roter Faden zog sich Carinas Bummelei durch ihren Lebenslauf. Ein besonders gemeiner Zeitgenosse riet ihr damals, sich bei der Deutschen Bahn zu bewerben, wenn sie irgendwann einmal ihren Schulabschluss in der Tasche haben sollte. Darüber konnte sie nicht lachen, fand auch die Kritik an der Bahn übertrieben. Sie selbst hatte öfter einen pünktlichen Zug verpasst, als dass sie sich über einen verspäteten geärgert hatte. So schlimm konnte es also gar nicht sein.

Was die Berufswahl anging, so musste sie sich sowieso keine Gedanken machen, denn sie hatte das Glück, in eine Unternehmerfamilie hineingeboren worden zu sein. Ihr Vater betrieb die Firma, in der sie als Juniorchefin hatte anfangen können und alle Nachsicht genoss, die ein solcher Status mit sich brachte.

Im privaten Bereich machte ihr ihre Schwäche da schon mehr zu schaffen. Regelmäßig platzten ihre Verabredungen mit dem anderen Geschlecht wegen ihrer Unpünktlichkeit. Ihr erster Freund gab ihr nach ein paar Wochen mit den Worten »Ich bin zu alt, um mein Leben mit Warten zu verbringen« den Laufpass, dabei waren er und Carina zu dem Zeitpunkt gerade 18 Jahre alt. Für Carina brach eine Welt zusammen, immerhin handelte es sich um ihre erste große Liebe. Doch bei aller Trauer gelang es ihr nicht, sich in puncto Zeitmanagement zu disziplinieren.

Dann kam Frederik. Er arbeitete im Betrieb ihres Vaters, wo sie ihm über den Weg lief. Er lud sie erst zu einem Kaffee und ein paar Tage darauf zum Essen ein. Offenbar störte er sich nicht daran, dass sie eine halbe Stunde zu spät zu der Verabredung kam, wie er es wohl mit vielem nicht so genau nahm. Carina und Frederik wurden ein Paar. Sehr zum Leidwesen ihres Vaters, denn als Mitarbeiter in seiner Firma war Frederik nicht der Verlässlichste; wie sollte das erst in der Rolle als potenzieller Schwiegersohn werden? Der Senior sprach ein ernstes Wort mit seiner Tochter, die mit Trotz reagierte. Vielleicht, so dachte der alte Herr sich, war das letztendlich seine eigene Schuld, immerhin hatte er Carina bisher noch nie einen Wunsch abgeschlagen. Und so blieb es auch dieses Mal. Schließlich wollte er dem Glück seiner einzigen Tochter nicht im Wege stehen. Er willigte also in eine Heirat ein, bestand jedoch auf einen Ehevertrag.

Dass Carina zu ihrer Trauung mit Verspätung eintrudelte, nahm ihr zukünftiger Ehemann gelassen. Die junge Ehefrau konnte ihr Glück über sein Verständnis kaum fassen.

Wieder einmal bemerkte sie nicht rechtzeitig, dass es sich dabei nicht um Liebe, sondern um Gleichgültigkeit handelte, dass es ihr Gatte nur auf ihr Geld abgesehen hatte und dass er nicht nur ihre Unpünktlichkeit locker nahm. Auch was die eheliche Treue anging, ließ er Fünfe grade sein.

Als Carina eines schönen Sommertages ihren, nebenbei bemerkt, pünktlichen Zug zu einer Fortbildung verpasste und deshalb außerplanmäßig wieder in ihren schicken Bungalow am Stadtrand von Tauberbischofsheim zurückkehrte, wurde ihr das deutlich vor Augen geführt. Ausgerechnet mit ihrer einstigen Klassenkameradin Sandra erwischte sie Frederik in flagranti.

Sie handelte ausnahmsweise einmal unverzüglich, warf ihren Ehemann aus der gemeinsamen Bleibe und reichte noch am selben Tag die Scheidung ein. Die Fortbildung ließ sie sausen, nahm sich gleich noch eine unabgesprochene Auszeit vom Job dazu und überließ es ihrem Anwalt, sich um alles Nötige bezüglich der Trennung zu kümmern. Das tat Letzterer auch gewissenhaft, während Carina sich gehen ließ. Sie erschien in den darauffolgenden Wochen weder zur Arbeit noch zu irgendwelchen privaten Verabredungen.

Ihrem Noch-Ehemann verweigerte sie den Zugang zum gemeinsamen Haus. Sie verkehrten nur noch über ihre Anwälte miteinander. Von Dritten erfuhr sie, dass ihr Vater ihm gekündigt hatte, doch sie verspürte keinerlei Mitleid. Seine Anrufe nahm sie entweder gar nicht entgegen oder sie legte wortlos auf, wenn er mit unterdrückter Nummer anrief. Ein paarmal sah sie auch seinen Wagen vor dem Haus stehen. Zuerst dachte sie, er lauere ihr auf, dann hinterbrachte man ihr, er versuche, Material gegen sie zu sammeln, um wenigstens ein bisschen was bei der Scheidung herauszuschlagen. Darauf konnte sie nur mit einem, wenn auch bitteren, Lachen reagieren: *Er* würde *ihr* keine Affäre nachweisen können, weil es keine gab. Ihre einzigen Besucher waren zu jener Zeit der Pizzabote sowie der Weinlieferant und die hielten sich nie lange bei ihr auf.

Schließlich beschloss Carina nach zweieinhalb Monaten der Vernachlässigung, etlichen Flaschen Silvaner und zahlreichen Pizzen Margherita, aber auch vielen Stunden der kritischen Selbstreflexion, endlich wieder ihr Leben selbst in die Hand zu nehmen.

Der erste Schritt dazu sollte ein Termin beim Friseur sein. Als sie das Haus verließ, winkte sie ihrem zukünftigen Ex-Mann, der mal wieder vor ihrem Bungalow Stellung bezogen hatte, fröhlich zu und machte sich ganz gemächlich zu Fuß auf den Weg in die Innenstadt. Aus purer Gehässigkeit nahm sie dabei einen kleinen Umweg, damit er nicht sofort wissen konnte, was sie vorhatte.

Mit nur fünfminütiger Verspätung trudelte sie im Salon ein. Es entging ihr nicht, dass das Gespräch dort augenblicklich verstummte. Sie hielt sich tapfer, trank den angebotenen Prosecco in einem Zug leer, orderte gleich noch einen zweiten und plauderte bemüht ungezwungen mit den anwesenden Personen. Die erkundigten sich zunächst zögernd nach ihrem Befinden, tauten aber, vermutlich dem Prosecco geschuldet, den die Saloninhaberin großzügig verteilte, langsam auf. Genau wie Carina. Nach dem dritten Glas Schaumwein erzählte sie freimütig von dem bevorstehenden Scheidungstermin. Die Chefin ließ eine weitere Runde ausschenken, während sie Carina ihren perfekt frisierten Hinterkopf im Handspiegel präsentierte. Die anderen Kundinnen nickten anerkennend. Man prostete sich erneut zu. Die Stimmung war gelöst.

»Ab morgen mache ich Diät«, teilte Carina den Anwesenden mit.

Gleich hagelte es gute Vorschläge: »Keine Kohlehydrate«, »Nach 17 Uhr nichts mehr essen«, »Verzicht auf Alkohol«. Die Inhaberin, die gerade eine neue Flasche aus dem Kühlschrank gezogen hatte, hielt inne. Die Frau, die den Tipp mit dem Alkohol gegeben hatte, schüttelte den frisch ondulierten Kopf und lachte: »Sport ist noch besser.« Damit streckte sie der Friseurmeisterin ihr leeres Glas entgegen.

So bekam Carina den Hinweis auf den Trimm-dich-Pfad und gleich den Rat, in den frühen Morgenstunden zu trainieren, wo dort so gut wie nichts los sei.

»Und wenn Sie sich beeilen, bei Sport Homann haben sie gerade schicke Leggings und passende Shirts im Angebot.« Eine der Salonmitarbeiterinnen nannte eine Nobelmarke und einen unschlagbaren Preis.

Nicht nur Carina spitzte interessiert die Ohren. Sie trank entschlossen aus, zahlte und begab sich direkt in das bekannte Sportbekleidungsgeschäft. Dort ergatterte sie die letzte Kombination in ihrer Größe. In Mintgrün. »Das ist jetzt total angesagt«, schwärmte die Verkäuferin. »Die Kundinnen haben es mir aus den Händen gerissen. Ist aber auch wirklich ein Schnäppchen.«

Carina gab ihr recht und freute sich über das Sonderangebot. Und nachdem sie beim Outfit so viel gespart hatte, legte sie für die zugehörigen Laufschuhe ein kleines Vermögen auf den Tisch.

»Das wäre wirklich das falsche Ende, wenn Sie daran sparen würden«, lobte die Mitarbeiterin des Sportgeschäfts ihren Entschluss.

*

Daran dachte sie nun, als sie zu ihrer Laufrunde startete. Sie hatte letztendlich so viel investiert, dass sie ihren Plan auch in die Tat umsetzen musste.

Wie die meisten Anfänger machte sie den Fehler und lief viel zu schnell den ausgeschilderten Trimm-dich-Pfad entlang. Bereits nach wenigen Metern schnaufte sie wie ein Walross. Zum Glück kam hinter der nächsten Biegung die erste Erlebnisstation in Sicht. Auf einer Holztafel wurde die Übung in Bildern erklärt. Etwas weiter entfernt befand sich ein Gestänge, ebenfalls aus Holz und … Was lag denn da auf dem Boden?

War das ein Mensch?

Zumindest war das Gebilde kein Strauch oder Busch, denn es war mintgrün. Unwillkürlich zupfte sie an ihrem gleichfarbigen Shirt, das sie einen Tick zu knapp gekauft hatte. Immerhin plante sie ja abzunehmen und wollte noch länger etwas von dem modischen Markenkleidungsstück haben.

Sie stolperte näher auf das zu, was sich da auf der Erde befand. Eindeutig ein Mensch, eine Frau im Sonderangebotsoutfit von Sport Homann. Carinas Puls, der durch den ungewohnten Dauerlauf sowieso schon erhöht war, beschleunigte sich um ein Vielfaches. Sie japste nach Luft. Die Frau befand sich nicht am Boden, weil sie vielleicht einfach nur gestolpert war oder ein spontanes Nickerchen im Wald machen wollte. Nein, die Frau war tot. Das erkannte Carina sofort. Sie lag reglos da, den leeren Blick in den wolkenlosen blauen Himmel gerichtet. Und als wäre das nicht schon genug, hatte sie auch noch ein blutiges Loch in der mintgrünen Brust.

Carina fasste sich an die eigene. Dann wurde ihr schwarz vor Augen und sie sank neben der Fremden auf den duftenden Waldboden.

*

»Sie kommt zu sich.«

Carina öffnete die Augen und sah in das bärtige Gesicht eines weiß gekleideten Mannes.

»Wo bin ich?« Der Satz lag ihr auf den Lippen, doch ihre Erinnerung war schneller. Sie wusste, wo sie war, und sie wusste auch, wer neben ihr lag. Bevor sie das Bewusstsein verloren hatte, hatte sie in der toten Frau nämlich ihre ehemalige Schulkameradin Sandra erkannt. Aber was hatte die hier zu suchen? Die Frage beantwortete Carina sich ebenfalls selbst. Sandra war schon immer eine Sportskanone gewesen und hatte als Physiotherapeutin in einer Praxis gearbeitet, die um 8 Uhr in der Früh öffnete. Wenn man sich da sportlich betätigen wollte, musste man zeitig aufstehen. Apropos aufstehen. Sie versuchte, sich aufzurichten.

Der Rettungssanitäter legte ihr die Hand auf die Schulter. »Vorsichtig!«, mahnte er.

Nun fiel Carina doch noch eine Frage ein: »Wie spät ist es?«, wollte sie wissen. Wie lange hatte sie bewusstlos im Wald neben der toten Sandra gelegen? Bei dem Gedanken wurde ihr flau im Magen. Ihr Blick irrte umher. Überall wuselten Menschen herum. Die meisten trugen diese komischen weißen Anzüge, an denen man in den Fernsehkrimis immer die Spurensicherer erkannte.

»Kurz vor elf«, bekam sie zur Antwort.

Carina erschrak und machte erneut Anstalten, aufzustehen. »Ich muss los. Um elf … ich muss aufs Gericht.« Wie sollte sie *das* nur schaffen? An umziehen war gar nicht zu denken und selbst im Sportdress würde sie, mal wieder, zu spät kommen.

»Sie gehen gar nirgends hin«, befahl der Sanitäter und hielt ihr ein Handy hin. »Rufen Sie ihren Anwalt an, er kann den Termin auch ohne Sie wahrnehmen.«

Carina tat, wie ihr geheißen, ohne sich darüber zu wundern, woher der junge Mann von ihrem Scheidungstermin wusste. Spätestens nach ihrem Friseurbesuch hatte der sich in Tauberbischofsheim herumgesprochen. Und die Tatsache, dass sie auf dem Trimm-dich-Pfad über eine Leiche gestolpert war, machte sicher ebenfalls schon die Runde. Ihr Anwalt nahm bereits nach dem ersten Klingeln ab und zeigte großes Verständnis für ihr Fernbleiben, ohne nach Einzelheiten zu fragen. Vermutlich war er also tatsächlich über die näheren Umstände bereits im Bilde.

Jetzt trat eine Frau zu ihnen, die sich als Hauptkommissarin der Mordkommission vorstellte. Gut, »Mordkommission« sagte sie nicht, sondern irgendetwas mit Gewaltdelikten und dass sie aus Heilbronn käme. Aber Carina war schon klar, wo der Hase langlief. Apropos »Hase«, wer hatte sie hier im Wald eigentlich gefunden? Und wann? Wenn bereits die Kriminalpolizei aus Heilbronn nebst Spurensicherung vor Ort war, konnte sie nicht lange unentdeckt gelegen haben. Und sie hatte gedacht, sie wäre um diese Uhrzeit allein. Stattdessen tummelten sich hier neben Joggern scheinbar auch Jäger oder andere Sportler, wie beispielsweise Schützen, die versehentlich Sandra erwischt hatten. Oder waren da irgendwelche komischen Typen unterwegs, die Räuber und Gendarm spielten? Um diese Uhrzeit?

»Frau Kammerfeld«, brachte die Kommissarin sie in die Wirklichkeit zurück, »können Sie mir bitte meine Frage beantworten?«

*

Rechtsanwalt Dr. Schlebberle rieb sich die Hände. Die Familie Kammerfeld entwickelte sich langsam zu einer Goldgrube. Erst die Scheidung von Carina, die nach dem heutigen Vormittag in die nächste Runde ging und dadurch die Rechnung weiter in die Höhe treiben würde. Und jetzt hatte ihn Carina auch noch um seinen Beistand bei einer Zeugenvernehmung gebeten. Sie befürchtete wohl, man könne sie einer Straftat bezichtigen. Und ihre Sorge war nicht unberechtigt. Immerhin hatte keine Geringere als Sandra Powalzke, Carinas »Scheidungsgrund«, in den frühen Morgenstunden den gewaltsamen Tod gefunden und Carina hatte sich in unmittelbarer Nähe befunden. Ganz offensichtlich glaubte die Kripo dabei nicht an einen Zufall.

»Sie glauben mir doch?« Carina sah ihn aus ihren großen grünen Augen an, während sie die Erklärung unterschrieb, die sie in diesem »Fall« zu seiner Mandantin machte.

»Was ich glaube, gehört hier nicht her«, antwortete er mit dem Standardsatz, schob dann allerdings nach, als er ihren entsetzten Blick sah: »Selbstverständlich halte ich Sie nicht für eine kaltblütige Mörderin.«

Carina nickte und putzte sich umständlich die Nase.

Sie trug immer noch ihr ziemlich knapp sitzendes Sportshirt und die passenden Leggings in Hellgrün. Mintgrün, wie sie den Anwalt auf der Fahrt von der Polizeiwache in seine Kanzlei aufgeklärt hatte. »*Die* Farbe in diesem Sommer«, hatte sie trotzig hinzugefügt. Er musste zugeben, sie passte hervorragend zu ihren Augen, doch das gehörte hier nicht her.

»Und was ist jetzt mit meiner *Scheidung* schiefgelaufen?«, wollte sie gerade von ihm wissen.

»Ihr Noch-Ehemann ist nicht erschienen. Unentschuldigt.«

»Und das heißt?« Sie knetete nervös ihr Tempotaschentuch.

»Die Ehe konnte nicht geschieden werden. Wir benötigen einen weiteren Termin.«

»Ich bin also immer noch mit diesem A…loch verheiratet?«

»Äh, ja so könnte man es sagen«, bestätigte ihr Anwalt und verzichtete darauf zu erwähnen, dass dafür bereits ihr Fernbleiben vom Gerichtstermin ausgereicht hatte. Möglicherweise hatte ihr zukünftiger Exmann irgendwie erfahren, dass sie nicht kommen würde, und war deshalb ebenfalls nicht erschienen. So wie er die gegnerische Seite einschätzte, würden die das zumindest behaupten.

Carina vergrub ihr Gesicht in den Händen. »Den heutigen Tag hatte ich mir anders vorgestellt«, murmelte sie.

»Soll ich Sie nach Hause bringen?«, bot Dr. Schlebberle an. Das war bei seinem Honorar inklusive.

Carina stöhnte, als ihr einfiel, dass ihr Wagen ja noch auf dem Parkplatz des Trimm-dich-Pfads stand. Sie hatte zwar verhindern können, dass der Arzt sie zur Beobachtung ins Krankenhaus einwies, hatte ihm aber versprechen müssen, nach der leichten Beruhigungsspritze, die sie erhalten hatte, nicht mehr Auto zu fahren.

Das war dann auch nicht nötig gewesen, denn die Polizei hatte sie mitgenommen, nachdem die Beamten herausgefunden hatten, in welchem Verhältnis sie zu der Toten gestanden hatte. Als sie auf dem Revier darüber hinaus feststellten, dass ihr Noch-Ehemann einen Waffenschein besaß und sich laut Melderegister außerdem ein Jagdgewehr in ihrem Haus befand, hatte sie ein weiteres Mal ihren Anwalt angerufen, der sofort nach dem geplatzten Scheidungstermin herbeigeeilt war. Da aber noch gar nicht klar war, mit was für einer Waffe die Tote erschossen worden war, hatte man Carina schließlich fürs Erste wieder gehen lassen.

*

»Das glauben die mir nie«, lamentierte Carina. Sie saß auf ihrem Sofa, den Blick auf die aufgebrochene Terrassentür gerichtet, während Dr. Schlebberle sie mit einer Handbewegung zum Schweigen brachte.

Der Anwalt lief aufgeregt in ihrem Wohnzimmer hin und her, das Handy am Ohr, und erklärte der Polizei gerade, dass man in der Villa von Carina Kammerfeld eingebrochen habe. »Nein, es sieht nicht nach einem *normalen* Einbruch aus«, rief er, »deswegen wende ich mich ja auch an *Sie*!« Er hatte direkt die Nummer der Hauptkommissarin gewählt. »Nein, es scheint nichts zu fehlen. Aber der Waffenschrank ist offen. Nein, das war er heute Morgen definitiv nicht, als Frau Kammerfeld das Haus verlassen hat!«, wurde er noch lauter. »Das weiß ich eben! Hören Sie, Sie müssen sofort kommen. Ich denke, da versucht jemand, meiner Mandantin etwas in die Schuhe zu schieben.« Er beendete das Gespräch.

Carina zupfte wieder einmal nervös an ihrem Sportshirt. »Kann ich mich endlich umziehen?«, fragte sie zaghaft.

Dr. Schlebberle schüttelte bedauernd den Kopf. »Es ist besser, wir warten draußen im Wagen auf die Kripo und fassen hier so wenig wie möglich an.«

Carina erhob sich und bewegte sich schleppend in Richtung Haustür. Glücklicherweise hatte sie den Einbruch bemerkt, noch bevor sich ihr Anwalt hatte verabschieden können. »Meinen Sie, mein Ex hat etwas damit zu tun?«, fragte sie ihn über die Schulter hinweg.

»Ex?«, murmelte der. »Ihr Noch-Ehemann, meinen Sie wohl. Ja, ich glaube, er hat etwas damit zu tun.«

Sie verließen das Haus und Carina sank auf das um den Vorgarten verlaufende Mäuerchen. »Aber was hat er davon? Glauben Sie, er hat seine Ex-Geliebte umgebracht und versucht jetzt, es mir in die Schuhe zu schieben?«

»So genau weiß ich das auch nicht. Wenn er sie auf dem Gewissen haben sollte, muss er das Gewehr ja schon vorher entwendet haben.« Der Anwalt sah eindringlich auf sie herab. »Sagen Sie jetzt nicht, dass er noch einen Schlüssel hatte! Ich habe ihnen doch gesagt, sie sollen das Schloss austauschen lassen.«

»Das habe ich ja auch getan, nachdem ...« Vor zwei Wochen hatte sie den Eindruck gehabt, jemand, genauer gesagt Frederik, sei im Haus gewesen, als sie kurz Leergut weggebracht hatte. Danach hatte sie sofort einen Schlosser beauftragt. Glücklicherweise hatte nichts gefehlt, das hatte sie zumindest gedacht. Außerdem war sie ja nicht lange weg gewesen. Sollte sie wieder einmal zu spät dran gewesen sein?

»Wer hatte alles einen Schlüssel zum Waffenschrank?«, legte Dr. Schlebberle nun den Finger in die Wunde.

Er musste nicht auf Carinas Antwort warten, ihr Gesichtsausdruck sagte alles. »Ich konnte ja nicht ahnen ...«

*

»Bleibt die Frage, warum er seine Geliebte umgebracht haben soll. Das macht doch keinen Sinn!« Hauptkommissarin Kerstin Franke schüttelte nachdenklich den Kopf. Sie und ein Teil ihres Teams befanden sich wieder auf der Polizeiwache in Tauberbischofsheim im dort eiligst für sie eingerichteten Einsatzraum. Die Spurensicherung war noch in der Kammerfeld-Villa zugange. Carina Kammerfeld hatte man fürs Erste zu ihren Eltern »entlassen«. Nach ihrer eingehenden Befragung und erster Bestandsaufnahme hatten sich zwei Szenarien herauskristallisiert. Dabei ging man davon aus, dass das Gewehr, das man im Haus soeben sichergestellt hatte, die Tatwaffe war. Auf jeden Fall war kürzlich damit geschossen worden. Die Polizei hatte zur Stunde also die folgenden beiden Theorien:

Entweder Carina Kammerfeld hatte am Morgen das Gewehr aus dem Waffenschrank genommen und war zum Trimm-dich-Pfad gefahren, um dort ihrer Kontrahentin Sandra Powalzke aufzulauern und sie zu erschießen. Danach hatte die Kammerfeld so getan, als sei sie neben der Toten ohnmächtig geworden. Später hatte sie die Waffe aus ihrem Versteck geholt und bei sich zu Hause einen Einbruch vorgetäuscht, um ihrem Ehemann die Tat in die Schuhe zu schieben.

Schwachpunkt dieser Variante: Wo hatte sie die Waffe nach der Tat versteckt und wie war es ihr gelungen, sie ungesehen wieder zurückzubringen? Mal abgesehen von der Frage, ob die Sanitäter eine fingierte Bewusstlosigkeit nicht entlarvt hätten.

Ein zweiter möglicher Tathergang sah den Ehemann als Mörder vor, der, nebenbei bemerkt, bisher nicht gefunden worden war. Frederik Kammerfeld hätte demzufolge vor ein paar Tagen das Gewehr aus dem Waffenschrank genommen, mit der Absicht, seine Geliebte zu töten. Nach der Tat wäre er dann zur einstmaligen gemeinsamen Villa gefahren, um das Gewehr zurückzulegen. Da inzwischen die Schlösser ausgetauscht worden waren, musste er einen Einbruch verüben.

Schwachstelle hier: Warum die Geliebte?

»Wäre es nicht einfacher gewesen, gleich seine Frau umzubringen, anstatt ihr nur den Mord an seiner früheren Geliebten in die Schuhe zu schieben?«, fragte die Hauptkommissarin in die Runde.

Allgemeines Schulterzucken. Es war schon spät am Abend und die Konzentration ließ langsam nach.

»Habt ihr Frederik Kammerfeld inzwischen erreicht?«, wollte sie nun wissen.

Es folgte Kopfschütteln. »Sein Handy ist ausgeschaltet und er wurde den ganzen Tag nicht gesehen«, wusste ein Kollege aus Tauberbischofsheim.

»Selbst zu seinem Scheidungstermin heute Vormittag ist er nicht erschienen«, ergänzte ein anderer.

»Scheidungstermin?« Kerstin Franke runzelte die Stirn.

»Ja, heute Vormittag.« Der einheimische Kollege hob entschuldigend die Hände. »Sorry, hier in Tauberbischofsheim wusste das jeder. Der Termin sollte um 11 Uhr stattfinden, ist aber geplatzt. Zuerst haben sie ja noch gelästert, dass Frederik es Carina gleichtut und eine Viertelstunde später kommt. Die Kammerfeld ist bekannt für ihre Trödelei, die ist eigentlich nie pünktlich.«, fügte er erklärend hinzu. »Klar, dass sie heute nicht gekommen ist, lag an etwas anderem, aber das konnte er ja kaum wissen.«

»Es sei denn …«, ergänzte der erste Kollege wieder.

»Lasst Frederik Kammerfeld zur Fahndung ausschreiben«, ordnete die Hauptkommissarin an.

»Aber warum sollte er die Sandra umgebracht haben und nicht die Carina?«, wollte der Beamte noch wissen, während er sich schon auf den Weg machte, die Anordnung seiner Chefin auszuführen.

*

Endlich hatte sie sich der Sportklamotten entledigen können. Frisch geduscht hüllte sich Carina in den Bademantel ihrer Mutter und warf die mintgrünen Kleidungsstücke in den Wäschekorb. Barfuß ging sie dann in ihr ehemaliges Jugendzimmer. Sie machte kein Licht. Im Mondschein erkannte sie einen Teller mit belegten Broten, eine Flasche Wasser und eine Karaffe Rotwein, die ihre Mutter auf ihrem Schreibtisch bereitgestellt hatte. Sie hatte Verständnis dafür gehabt, dass Carina nach diesem Tag alleine sein wollte.

Carina nahm sich ein Schinkenbrötchen, biss hinein und machte einen Schritt auf das Fenster zu. Aus sicherer Entfernung blickte sie auf das riesige Anwesen, das ruhig dazuliegen schien.

Sie wusste, dass er sich hier irgendwo versteckte. Sie belauerte. Männer waren ja so berechenbar. Frederik war da keine Ausnahme. Ganz im Gegenteil. Frederik war gierig und diese Gier machte sein Handeln noch vorhersehbarer. Carina wusste, dass er nach einer Möglichkeit suchen würde, aus der Scheidung Kapital zu schlagen, um nicht ganz mit leeren Händen dazustehen. Sie hatte damit gerechnet, dass er versuchen würde, sich zu ihrer ehemals gemeinsam bewohnten Villa Zutritt zu verschaffen.

Um ihn quasi mit der Nase draufzustoßen, hatte sie den Waffenschrank offen gelassen, als sie vor ein paar Wochen, noch bevor sie die Schlösser ausgetauscht hatte, allgemein sichtbar das Haus verlassen hatte. Wie zu erwarten, fehlte nach ihrer Rückkehr ein Gewehr.

Gut, was dann gekommen war, war riskant gewesen. Sie hatte aufpassen müssen, denn die Zeit hatte gedrängt. Ihr war klar gewesen, wenn er das Gewehr benutzen wollte, musste das *vor* der Scheidung geschehen, sonst hätte er nichts mehr von ihrem Tod. Sie hatte ihm also die Gelegenheit auf dem Silbertablett serviert. Sie wusste, dass sich seine *neue* Freundin immer am ersten Dienstag im Monat die Ansätze nachfärben ließ, also hatte sie einen Termin im gleichen Salon vereinbart und hatte dort aus dem Nähkästchen geplaudert. Der Rest war einfach gewesen. Frederik war nicht nur berechenbar und gierig, er war auch egozentrisch. Und in seiner grenzenlosen Ich-Bezogenheit hatte er nie wirklich bemerkt, dass Carina Probleme mit der Pünktlichkeit hatte. Im Gegensatz zu seiner Ex-Geliebten Sandra, nach der man die Uhr stellen konnte. Pech für Sandra, dass Carina auch noch das gleiche Sportoutfit getragen hatte wie sie.

Dass Frederik seinen Fehler so schnell bemerken würde, hatte Carina allerdings nicht erwartet. Ebenso wenig hatte sie damit gerechnet, dass er daraufhin gleich umdisponieren würde und *ihr* die Tat in die Schuhe schieben wollte, indem er ein weiteres Mal bei ihr einbrach, um das Gewehr zurückzubringen. Da hatte sie ihn wohl unterschätzt. Doch eins war ihr klar: Es würde ihm nicht genügen, mit dieser Aktion den Verdacht auf sie zu lenken. Nein, er würde versuchen, sein Werk zu vollenden. Und weil ihm die Zeit davonlief, musste das schnell geschehen. Nach den Ereignissen des heutigen Tages war Frederik mit Sicherheit ziemlich nervös. Nervös und damit unvorsichtig. Carina lachte böse.

Hatte sie nicht eben einen Lichtschein im Geräteschuppen ausgemacht?

Schnell suchte sie nach ihrem Handy und wählte die Nummer der Polizei.

05 – WARUM EIGENTLICH BRINGEN
WIR DEN CHEF NICHT UM?
(LAUDA-KÖNIGSHOFEN;
KÖNIGSHÖFER MESSE)

»Ich bring ihn um!« Wütend blitzte Verena Krause ihre Kollegin Nicole Härterich durch den Toilettenspiegel an, während sie sich mit einem Taschentuch die verlaufene Wimperntusche abwischte.

»Meinen Segen hast du.« Nicole zog heftig am Seifenspender und drehte den Wasserhahn voll auf.

»Hey, pass doch auf!«, beschwerte sich die Frau neben ihr, die dabei ein paar Tropfen abbekam.

»Wird das bald? Andere Leute wollen sich auch noch die Hände waschen«, maulte hinter ihr jemand.

In den Damentoiletten bei der Festhalle auf der Königshöfer Messe herrschte wie immer reger Betrieb. Die Stimmung in der Halle war zu der fortgeschrittenen Stunde ausgelassen und das Distel- wie Herbsthäuser Bier floss in Strömen. Entsprechend frequentiert waren die Waschräume.

Nicole zerrte sich mehrere Papiertücher aus dem Halter und machte den Platz am Waschbecken frei.

Verena, ihre Arbeitskollegin bei der »Hagermann

Landmaschinen GmbH« folgte ihr. »Am liebsten würde ich von hier abhauen. Soll der doch allein mit dem Neuen weitersaufen«, maulte sie auf dem Weg zurück in die Festhalle.

Ihr Chef Harald Hagermann hatte sie zu einem Umtrunk auf die Königshöfer Messe eingeladen. Das hatte bereits Tradition. Die beliebte Messe mit ihrer ganz besonderen Mischung aus nostalgischen und modernen Schaustellergeschäften, jeder Menge Markthändlern und der umfangreichen Gewerbeausstellung auf dem Freigelände war ein Muss nicht nur für die Bewohner der Taubertalregion. Die Hagermann GmbH stellte selbstverständlich ebenfalls auf dem größten Volksfest Tauberfrankens aus, immerhin hatte man seinen Sitz ja in der Region. Und Harald Hagermann, sonst nicht gerade für seine Großzügigkeit bekannt, hatte, wie in jedem Jahr auch, heuer seine Angestellten in die Festhalle gebeten. Dieses Mal hatte der Alte seine Belegschaft allerdings nicht wie sonst immer für den Eröffnungsfreitag herbestellt, sondern für den Abschluss-Sonntag. Deshalb waren auch nicht so viele Kollegen wie in den vorherigen Jahren gekommen. Verena, Nicole und Susi Saibling, alle drei Assistentinnen der Geschäftsleitung mit unterschiedlichen Aufgabenschwerpunkten, hatten es sich allerdings nicht nehmen lassen, auch am »Tag des Herrn« der Einladung ihres Arbeitgebers zu folgen. Schließlich hatte ihr Chef angekündigt, heute Abend endlich den Namen des neuen Abteilungsleiters bekanntzugeben. Dessen Posten war nun beinahe ein

Dreivierteljahr vakant und alle drei Frauen hatten sich Hoffnungen darauf gemacht. Außerdem wäre auch in der Hagermann GmbH die Zeit langsam reif für eine Frau in einer Führungsposition. Zusammen hatten sie den fehlenden Leiter schon in den letzten Monaten gut ersetzt und hofften jetzt bei dem konservativen Alten auf ihre Chance. Darauf hatten sie letztendlich seit Monaten hingearbeitet, jede auf ihre Weise.

Nicole war weit mehr als nur die rechte Hand des Chefs, wie man das so schön nannte. Von der pünktlichen Aufbereitung der Unterlagen über die technische Ausstattung der Besprechungsräume bis hin zur Verwaltung seines Terminkalenders erfüllte sie ihre Aufgaben, bevor die sich überhaupt stellten und weit über die Dienstzeit hinaus.

Auch Verena musste häufig Termine außerhalb der üblichen Arbeitszeiten wahrnehmen. Sie begleitete den alten Hagermann regelmäßig zu Treffen mit Geschäftsfreunden. Nicht nur einmal hatte sie dabei die Zähne zusammengebissen, wenn einer dieser »alten Säcke«, wie sie die Herren bei sich nannte, ihr in den Hintern gekniffen oder schlüpfrige Witze auf ihre Kosten gemacht hatte.

Susi schließlich hatte sich als die gute Seele des Geschäfts unentbehrlich gemacht. Sie sorgte fürs leibliche Wohl aller Mitarbeiter, vornehmlich natürlich für das des Chefs. Ihre köstlichen Kuchen, selbst gemachten Pralinen, aber auch die Salate für die Betriebsfeiern waren ein Traum. Und sie bereitete diese Leckereien selbstverständlich auf eigene Rechnung und in ihrer Freizeit zu. Außerdem hatte sie stets ein Ohr für die Sorgen und Nöte der Angestellten und der Führungsetage.

Alle drei Frauen hatten also einiges in ihre Karrieren investiert und die jeweils anderen misstrauisch beäugt. Wer von ihnen würde das Rennen um den Abteilungsleiterposten machen? Die Beantwortung dieser Frage hatten sie sich sogar ihren Sonntagabend kosten lassen.

Und dann das. Hagermann präsentierte ihnen einen 27-jährigen Betriebswirtschaftler aus Würzburg mit dem klangvollen Namen Mike Mirrow. Frisch von der Uni und mit einem ganz großen Ego. Der lachte nicht nur über die schlüpfrigen Witze des Chefs, sondern steuerte mit steigendem Alkoholpegel eigene, nicht weniger geschmacklose bei.

»Wir nehmen uns ein Taxi. Kommst du mit?«, raunte Verena Susi zu, als sie wieder zurück in die Halle kam, und schnappte sich ihre Jacke von der Festzeltbank.

Susi nickte stürmisch. Sie begann hastig, die Tüten mit ihren Einkäufen zusammenzusuchen. Sie war vor dem Treffen übers Messegelände geschlendert und hatte sich an den diversen Ständen mit Gewürzen und Süßigkeiten eingedeckt. Endlich hatte sie alles zusammengerafft und folgte ihrer Kollegin eilig in Richtung Ausgang. Keiner hielt sie auf.

Nicole hatte bereits ein Taxi organisiert und wartete vor der Tür auf die beiden.

»Ich könnte ihn umbringen!«, zeigte sich die sonst eher harmonieliebende Susi auf der Heimfahrt genau wie ihre Kolleginnen enttäuscht von der Wahl ihres Chefs. »Eine von euch, das hätte ich ja verstanden, aber der!«

»So ein Würstchen. Der hat doch keine Ahnung von nichts!«, stimmte Nicole ihr zu.

»Und ich lass mich für den von seinen Geschäftsspezis begrapschen«, entrüstete sich Verena.

Susi bekam große Augen. »Du hast doch nicht …?«

»*Das* zum Glück nicht, aber es hat mir auch so gereicht. Und viel gefehlt hat nicht, so wie die teilweise rangegangen sind«, brummte Verena. »Hier vorne«, beschied sie dann dem Taxifahrer und deutete auf ein Haus am Ortseingang von Edelfingen. »Kommt ihr noch mit auf einen Absacker? Charlie ist mit seinen Sportkumpels unterwegs.« Charlie war Verenas Freund.

Sowohl Susi als auch Nicole hatten noch keine Lust, nach Hause zu gehen – sie wohnten ebenfalls in dem knapp 1.500 Einwohner zählenden Stadtteil Bad Mergentheims – und willigten ein, die Kollegin zu begleiten. Nicole beglich die Taxirechnung. »Das geht auf Firmenkosten«, entschied sie und ließ sich eine Quittung ausstellen.

*

Kurz darauf saßen sie bei einer Flasche Becksteiner Schwarzriesling in Verenas Wohnzimmer. »Na, da warten ja rosige Zeiten auf uns«, kam sie wieder auf die Personalentwicklungen an ihrem Arbeitsplatz zu sprechen. »Der Neue geht gar nicht!«

Susi nickte, ihre Wangen waren von dem ungewohnten Alkoholkonsum gerötet.

»So ein eingebildeter Schnösel«, stimmte Nicole zu. »Und *der* soll unser neuer Vorgesetzter werden? Never ever. Eher kündige ich!«

Verena nickte. »Ich gleich mit. Aber vorher dreh ich dem Alten noch den Hals um.«

»Ich … ich back ihm Kekse mit Abführmittel drin!«, stieß Susi wütend hervor.

»Gute Idee! Oder ist er gegen irgendetwas allergisch?«, wollte Nicole wissen. »Nüsse zum Beispiel?«

»Mh, mh.« Bedauernd schüttelte Susi den Kopf. »Nichts. Noch nicht mal eine leichte Unverträglichkeit. Der hat einen Magen wie ein Schlachterhund.«

»Und genau so ein Gemüt.«

»Beleidige nicht die armen Hunde.« Verena nahm einen Schluck Wein und schenkte allen dreien nach. »Aber im Ernst, einen Denkzettel hätte er verdient. Und wenn es unser Abschiedsgeschenk wird.«

Susi trank ihr Glas in einem Zug leer. »Warum bringen wir den Verräter nicht gleich um? Das hätte er verdient!«

Verena füllte erneut nach und betrachtete gedankenverloren die rote Flüssigkeit. »Die Idee ist nicht schlecht«, überlegte sie laut. »Hat jemand von euch eine Waffe?«

»Ein Küchenmesser!«, nuschelte Susi.

»Das macht viel zu viel Sauerei. Gift ist besser. Und leichter«, spann Nicole die Idee weiter. »Außerdem kannst du im Internet fast alles besorgen.«

Verena runzelte die Stirn. »Das dauert aber viel zu lang. Ich will nicht ewig warten. Wenn, dann müssen wir gleich handeln, bevor sich der Neue breitgemacht hat. Können wir nicht Schlaftabletten oder was in der Art nehmen?«

»Hat jemand von euch Schlaftabletten zu Hause? Ich hab leider nur Aspirin in meinem Medizzzz… Medizinschränkchen«, bedauerte Susi, die schon leichte Probleme mit der Artikulation hatte.

Die anderen schüttelten die Köpfe. »Nur Kopfschmerz- und Vitamin-C-Brausetabletten.«

»Schade. Er hätte es verdient.« Susi gefiel der Plan, den Boss auf die Art loszuwerden, immer besser. »So eine Ratte!«

Verenas Gesicht hellte sich auf. »Wisst ihr was, wir *haben* noch Rattengift. Das ist schon uralt.«

»Altes Gift?«, zweifelte Susi. »Meinst du, das ist was?«

»Klar! *Ratten*gift ist genau das Richtige für diesen Arsch und wenn es schon älter ist, dann hilft es wenigstens.« Nicole kannte sich offenbar aus. »Das Zeug, was es heute zu kaufen gibt, ist harmlos. Aber mit dem von früher kannst du problemlos einen Menschen um die Ecke bringen.«

»Echt?« Susi bekam große Augen.

Verena nickte eifrig. »Charlie meint, das Zeug ist inzwischen schon lange verboten. Er wollte es eigentlich entsorgen, aber das ist gar nicht so einfach und …«

»Jetzt leistet es uns noch gute Dienste!« Nicole erhob ihr Glas. »Mädels, lasst uns anstoßen.«

Und so wurden die einstigen Konkurrentinnen zu Komplizinnen.

*

Sie trafen sich am darauffolgenden Morgen um Viertel vor neun in der Büroküche. Verena deutete auf die rote Kanne im Stil der 70er-Jahre. »Ist die nicht schick?«, begrüßte sie ihre beiden Mitstreiterinnen. »Der Kaffee ist übrigens fertig. Fix und fertig.«

Nicole klopfte ihr anerkennend auf die Schulter.

»Hier.« Susi streckte den anderen beiden Frauen eine geöffnete Blechdose entgegen. »Ich habe gestern noch Plätzchen gebacken. Probiert mal.«

»Gestern Nacht noch?«

»Ja. Ich war so aufgeregt und konnte nicht einschlafen. Und ich hatte doch auf der Königshöfer Messe eine neue Gewürzmischung gekauft. Mit Vanille, Muskat, Zimt und einer Prise Nelkenpulver. Schmeckt ein bisschen weihnachtlich, aber echt lecker. Bedient euch ruhig«, forderte sie ihre Kolleginnen auf.

Die zwei lehnten dankend ab.

Susi zuckte mit den Schultern und richtete ein paar der Kekse auf einem Teller an. »Henkersmahlzeit!«, wisperte sie verschwörerisch. Dann stellte sie den Teller neben die rote Kanne und zwei Kaffeetassen auf ein Tablett. »Um neun trifft er sich mit dem Neuen zu einem Meeting.«

Nicole nickte. »Ich weiß. Hab schon alle Unterlagen dafür rausgesucht.« Sie grinste maliziös. »Wollte mal nicht so sein. Ein letztes Mal.«

Verena deutete auf die zweite Tasse auf Susis Tablett. »Und was ist, wenn der Neue ...«

»Kollateralschaden«, überraschte die mit ihrer Abgebrühtheit.

Die Frauen hatten sich gestern die folgende Erklärung für den geplanten »tödlichen« Unfall zusammengedichtet: Seit ein paar Tagen sei im Aktenkeller immer wieder eine Ratte gesichtet worden. Das würden alle drei Kolleginnen unabhängig voneinander der Polizei gegenüber behaupten. Verena, die angeblich panische Angst vor Ratten hatte, würde zugeben, daraufhin Gift von zu Hause mitgebracht zu haben. Ausgerechnet die schöne rote Kanne ihrer Großtante wollte sie für dessen Transport genutzt haben. Um die Sache glaubwürdig erscheinen zu lassen, hatte sie im Keller tatsächlich ein paar Köder ausgelegt und etwas Gift auf dem Boden verteilt.

Leider leider wusste Susi nichts von der zweckentfremdeten Kanne. Befand aber das neue Stück als so dekorativ, dass sie es direkt für den morgendlichen Kaffee ihres Chefs verwendete. Das Unglück nahm also seinen Lauf.

Nicole würde indessen ein weiteres Mal bestätigen, dass sie eine monströse Ratte im Keller gesehen hätte. Und dass sie von Verenas außerordentlicher Furcht vor diesen Nagetieren wusste.

Zwar würde sich bei der Version vermutlich zumindest Verena der fahrlässigen Tötung verantworten müssen, aber aufgrund ihrer ausgeprägten Rattenphobie nahmen die Frauen an, dass sie mit einem blauen Auge davonkäme. Verena war es das Risiko wert.

Susi straffte ihre Schultern und schnappte sich das Tablett. »Nun denn.«

*

Aufgelöst öffnete der Neue die Tür zum gemeinsamen Büro der drei Kolleginnen. »Holt einen Arzt, schnell! Er stirbt. So macht doch!« Dann rannte er wieder zurück in den Besprechungsraum.

Zwei Dinge registrierte Nicole: Erstens, der Neue hatte offenbar keinen Kaffee getrunken und zweitens, seine freche Schnauze war ihm ebenso offensichtlich vergangen. Sie nickte zufrieden, während sie die Nummer von Dr. Müller, Hagermanns Hausarzt, wählte.

Susi und Verena standen derweil auf und folgten dem jungen Mann nach nebenan.

Dort kniete Verena sich zu dem bewusstlosen Hagermann nieder – oder war er bereits tot?

Susi blieb im Türrahmen stehen und besah sich den Chef mit einer Mischung aus Faszination und Abscheu. Zum Glück war keiner da, dem das verdächtig erscheinen konnte. Der Neue versuchte sich jetzt, unterstützt von Verena, an einer Herzmassage.

Nicole trat neben Susi. »Der Arzt ist unterwegs«, teilte sie mit.

»Er sieht so friedlich aus.« Susi konnte den Blick nicht von dem leblos am Boden liegenden Chef abwenden. »Gar nicht so, als …«

»Komm!« Hastig zerrte Nicole die Kollegin auf den Flur in Richtung Küche.

»Ich hätte gedacht, dass er vielleicht Schaum vorm Mund hat«, plapperte Susi weiter, »oder Blut. Da ist gar kein Blut. Ich dachte, Rattengift verursacht innere Blutungen, weißt du.«

»Hier. Iss erst mal ein Plätzchen. Dein Blutzuckerspiegel ist bestimmt im Keller nach dem Schock.« Nicole hielt Susi die Keksdose hin.

»Keller?« Nachdenklich griff die Angesprochene nach dem Gebäck. »Habt ihr eigentlich im Keller …«

»Reiß dich zusammen!« Nicole nahm Susi fest bei den Schultern und blickte sie eindringlich an. »Wir haben alles im Griff! Verstanden?«

Langsam kam Susi wieder zu sich. »Entschuldigung«, murmelte sie. »Aber ich hätte echt gedacht …« Sie wurde durch ein Klingeln unterbrochen. Nicole bedachte sie mit einem letzten, warnenden Blick und hastete auf die Eingangstür zu.

»Wo?« Der Hausarzt hielt sich nicht lang mit Begrüßungen auf.

*

»Tut mir leid.« Dr. Müller schüttelte bedauernd den Kopf. »Er ist tot. So, wie er aussieht, und nach allem, was Sie mir berichtet haben, handelt es sich wahrscheinlich um einen Hirnschlag.« Er setzte sich an den Besprechungstisch, neben dem der Tote lag, und suchte aus seiner Tasche die entsprechenden Formulare heraus.

Verena, Nicole und Susi standen mit dem Neuen um den Tisch herum. Vom Flur, wo sich inzwischen die restliche Belegschaft versammelt hatte, hörte man unruhiges Gemurmel und vereinzeltes Schluchzen.

»Die Polizei muss ich allerdings trotzdem benachrichtigen«, fuhr der Mediziner fort, »immerhin war Herr Hagermann, soweit mir bekannt ist, nicht ernsthaft krank.« Er zückte sein Telefon.

Die drei Frauen nickten ergeben. Es wäre ja auch zu schön gewesen, wenn sie ohne polizeiliche Ermittlungen mit einer natürlichen Todesursache »davongekommen« wären.

»Ach, sagen Sie«, der Arzt hatte sein Telefonat beendet und deutete nun auf die rote Kanne, »könnte ich einen Kaffee haben? Ich bin die halbe Nacht auf den Beinen gewesen.«

»Ich koche Ihnen gleich einen.« Susi wandte sich bereits zur Tür, um in die Küche zu gehen.

»Nicht nötig. Der ist doch noch lauwarm. Holen Sie mir einfach eine Tasse.« Dr. Müller hielt seine Hand an den Bauch der Kanne.

»Nein!« Susi kam zum Tisch zurück und zog das Gefäß entschlossen von ihm weg. »Das ist koffeinfreier«, erklärte sie hastig. »Sie sind doch müde. *Der* hilft Ihnen bestimmt nicht …«

»Koffeinfreier?« Der Neue runzelte die Stirn und griff nach seiner bislang unberührten Kaffeetasse auf dem Tisch, um zu probieren.

»Nein!« Verena und Nicole sprangen gleichzeitig hinzu und versuchten, ihn am Trinken zu hindern. Kaffee schwappte über den Tisch.

»Ich koche ja schon frischen!«, kreischte Susi hysterisch, die rote Kanne wie ein Schutzschild vor sich haltend.

Nicole raffte eilig das Kaffeegeschirr auf dem Tablett zusammen.

»Hm, das ist gerade wohl ein bisschen viel für Sie.« Dr. Müller blickte in die Runde. »Vielleicht sollte ich Sie anschließend alle mal untersuchen.«

*

In den Büroräumen der Hagermann GmbH wimmelte es von Polizeibeamten. Der Besprechungsraum war nun mit einem Absperrband vor dem Zutritt der Belegschaft geschützt. Alle Mitarbeiter außer Verena, Nicole, Susi und dem Neuen waren ins Nebengebäude verbannt worden. Die drei Kolleginnen saßen in ihrem Büro und warteten, Mike Mirrow trieb sich im Flur herum. Bisher hatte der Kriminalhauptkommissar aus Heilbronn nur ihn befragt.

»Die haben meine Kekse als Beweismaterial sichergestellt«, beschwerte sich Susi.

»Na und?«, wisperte Verena. »Ist ja nix Schlimmes dran. Die Kaffeekanne steht in der Küche, die Tassen sind schon in der Spülmaschine.«

»Wisst ihr was?« Nicole hatte aufgepasst. »Der Hager-mann ist wahrscheinlich *wirklich* an einem Hirnschlag gestorben. Er hat zwar einen Keks gegessen, aber Kaf-fee hat er keinen getrunken. Ich habe zufällig mitgehört, wie der Neue das dem Kommissar erzählt hat, und die Tassen waren noch voll, als wir sie abgeräumt haben.«

»Was?« Besonders Susi schien erleichtert.

»Das heißt, wir können uns die Story mit der fiesen Ratte im Keller sparen?«, freute sich auch Verena.

»Sieht so aus!«

»Das muss gefeiert werden!« Susi sprang auf. »Im Kühlschrank ist noch eine Flasche Sekt.«

»Wie sieht das denn aus, wenn wir Sekt trinken, wo der Alte gerade das Zeitliche gesegnet hat?«, wollte Nicole sie zurückhalten.

»Ach was!« Verena erhob sich ebenfalls. »Der Sekt ist gut für den Kreislauf. Und immerhin haben wir alle einen leichten Schock. Hat das Dr. Müller nicht gesagt?« Damit folgte sie ihrer Kollegin.

Die stand bereits an der Küchentür und sah wie hyp-notisiert ins Innere.

»Was?«, fragte Verena und folgte ihrem Blick.

Neben der Spüle stand der Hauptkommissar und prostete ihnen mit einer Kaffeetasse zu. »Ich liebe kalten Kaffee!«, erklärte er und nahm einen kräftigen Schluck. »Entschuldigen Sie, dass ich mich einfach bedient habe, aber ich wollte Ihnen keine Umstände machen.« Damit deutete er auf die rote Kanne im Stil der 70er-Jahre.

06 – MORGEN IST AUCH NOCH EIN TAG
(LAUDA-KÖNIGSHOFEN; WARTTURM)

Marina stolperte die Treppe hinauf. Tränen rannen über ihr Gesicht, sie schluchzte leise.

So ein Widerling! Verräter! So ein … Ihr fehlten die Worte. Ihr, Marina Herzog-Kantstein, aufstrebende Nachwuchsautorin, fiel einfach kein treffenderer Begriff ein für ihren fremdgehenden Ehemann. Wobei das mit dem Fremdgehen, so musste sie sich eingestehen, nicht einmal das Schlimmste war. Es war einfach nur der Tropfen, der das Fass endgültig zum Überlaufen gebracht hatte.

Apropos Fass. Damit hatte es angefangen: Kurz nach ihrer Heirat, als bei ihr der Kinderwunsch immer größer geworden war und es einfach nicht geklappt hatte mit dem Nachwuchs, da war Marina ein wenig aus der Form geraten. Das lag zum einen vermutlich an den Hormonen, die sie zu dieser Zeit reichlich geschluckt hatte, und zum anderen an den Süßigkeiten, mit denen sie den Frust über die Kinderlosigkeit niedergekämpft hatte. Schokolade, Gummibärchen, Sahnetorte und Co. hatte sie auch gegen die Emotionslosigkeit eingesetzt, mit der ihr Mann auf ihre Verzweiflung reagiert hatte. Er hatte sich schlicht geweigert, seine eigene Zeugungsfähigkeit überprüfen zu lassen. Ihren Vorschlag, es mit einer künstlichen Befruchtung zu versuchen, hatte er genauso abgelehnt wie den einer Adoption. »Dann halt nicht«, war sein lapidarer Kommentar gewesen. Irgendwie hatte diese Gleichgültigkeit Marina noch mehr verletzt, als es eine Schuldzuweisung getan hätte.

Von ihm hatte sie also keine Unterstützung zu erwarten. Es blieb ihr nichts weiter übrig, als die Sache mit sich selbst auszumachen, zu hoffen, dass es an ihr läge, und weiter die verschriebenen Tabletten zu nehmen.

Doch nachdem sie auch nach längerer Einnahme von Hormonen nicht schwanger wurde, sondern sich lediglich figürlich an diesen Zustand annäherte, begrub sie schließlich ihren Kinderwunsch. Zumal sich das sexuelle Interesse ihres Mannes gegenläufig zu ihrem Leibesumfang entwickelte und damit die Wahrscheinlichkeit einer Schwangerschaft weiter gegen Null ging.

Sie suchte sich andere Hobbies. Sie unternahm lange Spaziergänge. Das hatte gleich zwei positive Nebeneffekte: Sie hatte wieder mehr Bewegung, was ihrer Diät nur zuträglich war, und, da sie meistens alleine unterwegs war, konnte sie wunderbar nachdenken. Über sich selbst im Allgemeinen, ihre Ehe im Besonderen und wie es mit beidem weitergehen sollte.

Gleichzeitig genoss sie es, durch die Gegend rund um Lauda-Königshofen zu streifen, dem beschaulichen Weinort an der romantischen Straße im »Lieblichen Taubertal«, in dem sie lebten. Irgendwann reifte dabei der Gedanke in ihr, sich über ihre Wegstrecken Notizen zu machen. Und daraus entwickelte sich die Idee zu einem Buch. Das wurde ihr neues »Baby«: ein Wanderführer mit Routen entlang der Tauber und der romantischen Straße. Wanderungen zu den Sehenswürdigkeiten rund um ihr Geburtsstädtchen Lauda-Königshofen, durch Weinberge und zu verschiedenen Aussichtspunkten. Einer davon war der Wartturm, den sie gerade emporstieg. Sie liebte diesen alten im 15. oder 16. Jahrhundert entstandenen Turm nahe ihres Wohnortes besonders. Hier hatte man einen wunderbaren Rundblick ins Tauber- und ins Schüpfer Tal. Außerdem gab es keine Öffnungszeiten, man konnte diesen Aussichtspunkt jederzeit betreten, auch nachts.

Schnaufend stieg sie die Steintreppe hoch. Sie war aus der Übung gekommen. Die letzten Wochen hatte sie damit verbracht, ihr Werk, den Wanderführer, zu vollenden, da blieb keine Zeit für Wanderungen im echten Leben, nicht einmal für kurze Spaziergänge.

Und wofür das alles? Zur Buchpräsentation ihres Werkes erschien sie ohne Begleitung. Von einer »wohlmeinenden« Nachbarin erfuhr sie, dass ihr Mann währenddessen weiblichen Besuch gehabt habe. Als sie ihn darauf ansprach, leugnete er nicht, dass er sie betrog. Im Gegenteil, er servierte sie eiskalt ab. Er teilte ihr mit, dass er bereits mit seinem Anwalt Kontakt aufgenommen habe und dass sie nicht denken solle, einen müden Cent von ihm zu bekommen. Er erinnerte sie an den Ehevertrag, den sie seinerzeit unterschrieben hatte. Seine

Eltern hatten darauf gedrungen und sie hatte auf sein Zureden hin unterzeichnet. Damals hatte er behauptet, der Vertrag habe keinerlei Bedeutung für sie, sie hätten ja nicht vor, sich jemals zu trennen. Das war gerade mal fünf Jahre her.

So ein mieses Arschloch!

Ja, dachte sie, »Arschloch«, das passte schon ganz gut. »Arschloch! Arschloch! Arschloch!«, stieß sie hervor und stolperte tränenblind die letzten Stufen zur Aussichtsplattform empor.

In der Dunkelheit machte sie einen Schatten aus. Damit hatte sie nicht gerechnet. Wer erklomm denn nachts um halb elf den Wartturm zu Königshofen? Und warum? Doch wohl sicher nicht, um die Aussicht zu genießen?

»Hallo!«, rief sie und es klang ziemlich schrill. »Was tun denn Sie denn hier?« Um auf sich aufmerksam zu machen, fuchtelte sie wild mit den Armen durch die Luft.

*

Der Selbstmord durch Sturz aus der Höhe, in der Fachliteratur auch Todessprung genannt, ist nach Erhängen und Selbstvergiften mit Medikamenten gegenwärtig in Deutschland die dritthäufigste Methode aller tödlich endenden Suizidhandlungen.

*

Das hatte ihm gerade noch gefehlt! Was machte diese hysterische Ziege nachts hier in der Pampa? Dass es sich bei der Person, die auf ihn zukam, um ein »hysterisches Weibsbild« handelte, entnahm er hauptsächlich dem Tonfall und dem hektische Gefuchtel. Mehr als die Silhouette einer zappelnden Frau konnte er in der Dunkelheit nicht ausmachen. Er ließ sie nicht aus den Augen und schwieg.

Die Person näherte sich, nun mit unterdrücktem Schluchzen. Im fahlen Mondlicht erkannte er eine etwa 40-jährige, vollschlanke Frau in Sportkleidung. Ihre Haare standen wild vom Kopf ab und gaben ihr etwas Verwegenes, die Augen glitzerten. Unruhig irrte ihr Blick umher und blieb immer wieder an ihm hängen. Ihr Mund öffnete sich, als wolle sie schreien, aber außer einem erneuten Schluchzen kam nichts mehr aus ihr heraus.

Gut, er musste zugeben, dass er nicht eben einen besonders angenehmen Anblick bot. Johannes Krupka, von seinen Kollegen – pardon, von seinen *Ex*-Kollegen – Hannes genannt, legte schon eine ganze Weile keinen Wert mehr auf sein Äußeres. Die ausgeleierte Jogginghose wies mehrere Brandlöcher auf, ebenso wie die ärmellose Weste, die um seinen mageren Oberkörper schlotterte. Die fettigen braunen Haare hätten neben einer gründlichen Wäsche auch einen ordentlichen Schnitt gebrauchen können.

*

Ein Penner!, ging es Marina durch den Sinn. Nicht gerade politisch korrekt, aber das verzieh sie sich im Angesicht des nahen Todes. Denn genau der war ihre Absicht. Der Tod, der *Frei*tod. Und dieser »Penner« würde sie nicht bei ihren letzten Minuten auf der Erde stören. Was machte der überhaupt hier? Und wie war er hergekommen? Ein Auto hatte sie nicht gesehen und traute sie diesem heruntergekommenen und offenbar stark alkoholisierten Kerl auch nicht zu. Aber warum unternahm jemand um diese Uhrzeit einen Spaziergang zum Wartturm? Um die nächtliche Aussicht zu genießen ja wohl kaum, wiederholte sie sich in Gedanken. Obwohl sie zugeben musste, dass der Rundblick auch zu später Stunde sehenswert war.

»Tolle Aussicht, nicht?«, lallte der Fremde jetzt, als habe er ihre Gedanken gelesen.

Sie fuhr sich mit dem Handrücken übers Gesicht und schniefte. »Hm.«

Der Penner lachte auf. »Ist doch genau das Richtige, um Abschied von dieser schnöden Welt zu nehmen.«

Ein Schauer lief ihr über den Rücken und das lag nicht an der kühlen Abendluft. Konnte der Typ tatsächlich Gedanken lesen?

Jetzt hielt er ihr eine Schnapsflasche entgegen. »Möchten Sie noch ein letztes Schlückchen mit mir nehmen? Machen Sie mir die Freude. Ist ein feines Tröpfchen.«

Die Form der Flasche sah in der Tat nach einem edlen Obstbrand aus. Noch immer hielt er sie ihr vor die Nase.

Marinas Blick wanderte über sein unrasiertes Gesicht, das im fahlen Mondlicht blass und krank wirkte.

»Na, los«, forderte er sie erneut auf und nahm, wie zur Bekräftigung, selbst einen Schluck.

Marina zog die vorsichtig ausgestreckte Hand schnell wieder zurück. Da konnte man sich ja wer weiß was einfangen. Hepatitis zum Beispiel wurde unter anderem durch Speichel übertragen. Am Ende würde sie sich damit infizieren und sich womöglich den Tod holen. Sie hatte darüber erst vor Kurzem in einem Bericht gelesen. Oder Aids. Wie war das *da* eigentlich mit der Ansteckung?

Der Mann zuckte ob ihres Zögerns mit den Schultern. Marina straffte die ihren. Nein, so hatte sie sich das nicht vorgestellt. Konnte man denn nicht einmal in Ruhe sterben?

Ihr Gegenüber setzte abermals die Flasche an. Eigentlich wäre ein bisschen Alkohol jetzt ganz gut und würde ihr diesen letzten Schritt erleichtern. Warum hatte sie nicht daran gedacht? Sie leckte sich die Lippen.

»Doch einen?«, deutete der andere ihre Reaktion richtig.

Sie trat näher. Jetzt konnte sie das Etikett lesen. Es handelte sich tatsächlich um feinsten Obstbrand. Woher hatte dieser abgerissene Typ das Geld für so einen teuren Tropfen? Vielleicht war er ja gar kein Penner? Sie versuchte, sich das eingefallene Gesicht gewaschen und rasiert vorzustellen. Irgendwie kam ihr sein Konterfei bekannt vor.

Die Flasche wackelte vor ihren Augen hin und her. »Ich vergifte Sie schon nicht.«

Marina atmete tief durch. Plötzlich musste sie über ihre Bedenken lachen. Sie plante, sich umzubringen, und dann hatte sie Angst vor irgendwelchen Krankheiten oder Herpesbläschen. Die würden sie im Sarg auch nicht mehr stören. Laut sagte sie: »Und wenn schon!«, dann griff sie beherzt nach der Flasche und nahm einen tiefen Schluck.

»Prost!«, freute sich der Mann, »ich sag es ja immer: Kein Alkohol ist auch keine Lösung! Ich bin übrigens der Hannes.«

»Marina.« Widerwillig gab sie ihm die Flasche zurück. Der Birnenbrand schmeckte äußerst fruchtig, weich und vollmundig.

»Schöner Name.« Sein Blick sagte ihr, dass es nicht nur der Name war, der ihm gefiel. »Was führt dich um diese Zeit hierher?« Ging er zum vertraulichen Du über.

»Dasselbe könnte ich dich auch fragen.« Auch ihr ging das Du wie selbstverständlich über die Lippen. Auffordernd streckte sie die Hand nach dem Birnengeist aus. Er reichte ihr die Flasche noch einmal und sie trank beinahe gierig.

»Was wohl? Eine Frau! Sie hat mich ruiniert, finanziell und emotional! Das ist meine letzte Pulle. Aber das Beste kommt ja bekanntlich zum Schluss.« Er räusperte sich, als habe er eine lange Rede gehalten, und ließ Obstbrand durch seine Kehle rinnen.

Zum Schluss? Marina wurde heiß und das kam nicht vom Alkohol. Zumindest nicht nur. Erst faselte er etwas von Abschied, dann dieser Spruch. Es konnte doch nicht sein, dass dieser ungewaschene, versoffene Kerl mit seinen fettigen Haaren auf die gleiche Idee gekommen war wie sie? Der würde ihr die ganze Show stehlen. Und was würden die Leute sagen, wenn man ihre Leiche neben der von diesem Penner finden würde? Zu Tode würde sie sich schämen!

»Gehen Sie von dem Geländer weg!«, forderte sie ihn auf. »Sie sind betrunken und wenn Sie hinunterfallen, könnten Sie sterben.«

»Das ist der Sinn der Sache, Schätzchen!« Er machte einen Schritt auf sie zu.

»Nennen Sie mich nicht Schätzchen!«, kreischte sie und gab ihm einen Schubs. Er torkelte in Richtung Brüstung und sie schrie auf. Aber auch er schien einen Schreck zu bekommen und krallte sich mit seiner freien Hand am Geländer fest. Ganz so leicht, wie er tat, wollte er sein Leben offenbar doch nicht lassen. Jetzt kicherte er hysterisch und sah nach unten. Er setzte die Flasche an und trank mehrere tiefe Züge. »Gleich geht's leichter«, sprach er sich anschließend Mut zu.

»Sie wollen doch nicht wirklich springen?«, beschwor Marina ihn.

»Waren wir nicht schon beim Du, Marina? Aber um auf deine Frage zurückzukommen: Genau das ist meine Absicht.«

»Überleg es dir«, versuchte sie, ihn von seinem Vorhaben abzubringen. »Keine Frau der Welt ist es wert, dass man sich ihretwegen in den Tod stürzt.«

»Es ist nicht nur die Frau, mein komplettes Leben ist ruiniert. Ich bin pleite, habe sogar Schulden! Ich habe wegen dieser Frau meine Freunde belogen, meinen Job verloren. Und aus meiner Wohnung fliege ich bestimmt auch bald raus.«

»Deine Freunde werden dir sicher verzeihen und wenn sie es nicht tun, dann sei froh, dass du sie los bist. Dann waren es keine echten Freunde. Hast du keine Familie, Kinder, Eltern?«

»Meine Mutter lebt noch.«

»Und der willst du es antun, ihren Sohn zu verlieren?«

»Sie ist dement. Außerdem mochte sie meine Schwester schon immer lieber als mich.«

»Und deine Schwester? Was wird sie sagen, wenn du tot bist?«

»Gar nichts, wir sind seit Jahren zerstritten. Wahrscheinlich freut sie sich.«

»Am Ende gibt sie sich selbst die Schuld an deinem Tod.«

»Geschähe ihr recht.« Hannes nahm noch einen Schluck und betrachtete die junge Frau vor sich. »Sag mal, warum willst du mich eigentlich unbedingt davon abbringen, hier runterzuspringen?« Damit drückte er ihr die Schnapsflasche in die Hand und wühlte in der Tasche seiner ausgewaschenen Weste herum. »Ich hatte den Eindruck, dass du selber …« Er hielt inne und sah sie aus wässrigen Augen an.

Marina räusperte sich. Trank hastig die Flasche leer und warf sie im hohen Bogen über das Geländer. Beide lauschten auf das dumpfe »Plopp«, mit dem sie unten landete. »Die Plattform ist gerade acht Meter hoch. Wenn du Pech hast, überlebst du den Sturz«, unkte sie.

»Das lass mal meine Sorge sein.« Hannes förderte ein zerknittertes Päckchen zutage und entnahm ihm eine filterlose Zigarette und ein Feuerzeug. »Meine Letzte«, erklärte er feierlich und zündete sie an. »Rauchen kann tödlich sein«, las er gedankenverloren den Text auf der Schachtel, ehe er sie zerknüllte. Dann lachte er unfroh auf. »So lange will ich nicht mehr warten.«

»Aber du musst doch auch nichts überstürzen …«

»Überstürzen, hah, das ist gut! Wieso willst du mir mein schäbiges Dasein schmackhaft machen? Ich habe nichts mehr, für das es sich weiterzuleben lohnt.« Er machte eine ausholende Bewegung ins Taubertal. »Die letzte Pulle ist leer und die letzte Kippe fast aufgeraucht.« Er hustete. »Also, *ich* springe.«

»Halt!« Sie konnte sich im letzten Moment zurückhalten, ihn am Kragen seiner Weste festzuhalten. Schnell verschränkte sie ihre Arme vor der Brust.

»Sag, mal, ist dir das peinlich … mit mir, neben mir … gefunden zu werden? Willst du mich *deshalb* von meinem Plan abbringen?«, seine Stimme drohte zu kippen.

Jetzt bloß nichts Falsches sagen. »Aber nein!«, rief sie und merkte selber, wie übertrieben und damit unehrlich das klang. »Ich meine nur«, plapperte sie weiter, »ich hab nachgedacht und … ich bin mir plötzlich nicht mehr sicher, dass ich es tun will.« Das war gelogen, sie hatte seit der Ankunft hier überhaupt keine Gelegenheit gehabt, über ihren Entschluss nachzudenken, geschweige denn, ihn infrage zu stellen. »Und wenn sie dich finden und gleichzeitig feststellen, dass ich hier war, dann werde ich am Ende verdächtigt, etwas mit deinem Tod zu tun zu haben. Willst du das?«

Er atmete tief durch und überlegte. Von der Ferne hörte man ein Käuzchen rufen, dann war es still. »Das ist wirklich eine Zwickmühle«, gab er schließlich zu.

»Siehst du. Deswegen gehen wir jetzt beide wieder nach Hause. Du kannst dir ja morgen immer noch das Leben nehmen.«

Hannes zog an seiner Zigarette und warf den noch glimmenden Stummel in die Dunkelheit. »Ich hab nichts mehr, zu dem ich zurückkehren könnte«, erklärte er dann und drehte sich dem Geländer zu. »Und ich laufe auch nicht mehr den ganzen Weg zurück nach Königshofen.« Er blickte in die Tiefe, schwankte dabei leicht.

»Du kannst heute Nacht bei mir bleiben.« Marina griff nach seinem Arm und konnte selber kaum glauben, was sie da gerade gesagt hatte. Wahrscheinlich war es der Alkohol. Sie war harte Sachen nicht gewohnt und außerdem hatte sie seit mittags nichts mehr gegessen. »Komm.« Sie zog an seinem Arm. »Morgen ist auch noch ein Tag.«

Er knurrte etwas Unverständliches vor sich hin und beugte sich über das Geländer.

Marinas Griff wurde fester. »Komm, mein Wagen steht direkt vor dem Eingang«, säuselte sie und als sich ihr Gegenüber nicht von der Stelle rührte, setzte sie hinzu: »Ich habe noch eine ungeöffnete Flasche Himbeergeist in meiner Hausbar. Wäre doch schade drum.«

Das Argument überzeugte ihn. Er löste sich vom Geländer. »Was ist mit Kippen?«, brummte er und deutete in die Dunkelheit hinaus. »Das eben war meine letzte, wie schon gesagt.«

»Können wir auf dem Rückweg an der Tankstelle kaufen«, entschied Marina. Und als er immer noch zögerte, setzte sie hinzu: »Ich habe Geld.«

*

Kurze Zeit später torkelten sie die Stufen des Wartturms hinunter.

»Nur eine Nacht«, murmelte Hannes vor sich hin, »morgen mach ich es wirklich.« Er klopfte der vor ihm gehenden Marina auf die Schulter.

Die strauchelte.

»Vorsicht!«, brüllte er und riss sie gerade noch rechtzeitig am Ärmel zurück.

»Aua!«, beschwerte sich Marina. Sie sank einen Moment in die Hocke. »Das tut weh!«, nuschelte sie und ließ es dann zu, dass Hannes sie mit einem Griff unter die Achseln wieder aufrichtete.

Gemeinsam meisterten sie schwankend den Rest des Abstiegs.

Nur wenige Meter entfernt parkte ein Kleinwagen mitten auf dem Waldweg. »Das isser«, erklärte Marina überflüssigerweise und öffnete schwungvoll die Fahrertür. »Hab nicht abgeschlossen«, sie kicherte übermütig, während sie einstieg.

»Anschnallen!«, forderte sie Hannes auf, nachdem der sich neben sie gesetzt hatte. »Und los geht's!«

Der Motor heulte auf. Sie setzten sich mit einem Satz in Bewegung.

Marina gluckste. Ihr Kopf fühlte sich an, als sei er in Watte gepackt. Kein schlechtes Gefühl. Ob das an dem Birnenbrand lag? Sie trank so gut wie nie Alkohol. Früher wegen ihres Kinderwunsches und in letzter Zeit wegen ihrer Diät. Alkohol hatte so unheimlich viele Kalorien. Aber das war jetzt alles egal. Sie juchzte und trat aufs Gas.

»Langsam.« Hannes tätschelte ihr Knie. »Willst du uns umbringen?«

Beide lachten sie schallend über seinen Witz.

Der Wagen holperte durchs Unterholz und bog schließlich auf einen Feldweg ein.

»Wo wohnst du eigentlich?«, erkundigte sich Hannes.

Marina kam es vor, als schwebten sie einen halben Meter über der Straße. »Is nicht weit. In Königshofen«, antwortete sie.

»Kenn ich!«

Inzwischen brausten sie über die Landstraße. Marina drückte ordentlich auf die Tube, zu Hause wartete der Himbeergeist. Mit Schwung nahm sie eine Kurve, dabei legte sie sich auf die Seite und beschleunigte weiter.

»Ups!«, hörte sie Hannes neben sich aufrufen. »Wo kommt denn der Trecker her? Mitten in der Nacht und dann noch auf der falschen Seite …?«

07 – LÄCHELN!

(BECKSTEIN; BECKSTEINER WINZER EG)

»Lächle, du kannst sie nicht alle töten.«

So stand es auf der Postkarte über ihrem Schreibtisch, die ihr eine Freundin im vergangenen Herbst geschickt hatte. Juliane Berghof atmete tief durch. Bisher hatte sie es immer getan.

Also gelächelt, nicht getötet. Und bisher hatte das auch immer geklappt. Aber bei Stefan Flitz war sie geneigt, es doch mal mit dem Töten zu probieren.

Der Geschäftsmann aus dem Ruhrpott war nämlich ein Kotzbrocken, wie er im Buche steht. Mit dieser Meinung stand Juliane wiederum nicht alleine da, das hatte sie gleich gemerkt, als sie dessen Ehefrau kennengelernt hatte. Mia Flitz zählte gut 20 Jahre weniger als ihr Mann. Bestimmte Körperteile von ihr waren sogar noch deutlich jünger und das hatte der werte Gatte sich einiges kosten lassen, wie er beiläufig auf seine unnachahmlich taktlose Art einfließen ließ. Und er machte keinen Hehl aus seiner Meinung, seine Frau sei ihm für diese »Restaurierungsaufwände«, wie er sie nannte, auf immer zu Dank verpflichtet.

Das alles hatte Juliane in den wenigen Tagen, die sie die beiden nun persönlich kannte, herausgehört. Aber auch, dass Mia ihrem Mann nicht weniger als den Tod an den Hals wünschte, war nicht zu übersehen.

Doch jemanden umzubringen, ist gar nicht so einfach, wie sich das so mancher Krimileser möglicherweise vorstellt. Dazu gehört schon was. Und nicht immer gelingt es. Ganz abgesehen von der Tatsache, dass einem ein toter Ehepartner im Gefängnis nicht allzu viel nützt. Alles Gründe, warum die gute Mia bisher nicht zum Küchenmesser gegriffen hatte, so vermutete Juliane. Mia litt lieber still vor sich hin und nein, sie lächelte nicht einmal. Sie schwieg nur mit eiserner Miene. Juliane war sich nicht sicher, ob das am Botox lag oder ob ihr das Lachen, und mithin auch das Lächeln, schlicht vergangen war, seit sie mit Stefan Flitz verheiratet war. Auf jeden Fall hatte sie bisher keinerlei Mimik im Gesicht der jungen Frau erkannt.

Drei Tage war es her, dass der rheinländische Geschäftsmann und seine puppengleiche Gattin ins liebliche Taubertal gereist waren, um sich einen Überblick über die Zahlen des »Taubertalhaus« zu verschaffen, dem Gasthaus, das Julianes Familie bereits in fünfter Generation führte. Juliane hatte den Betrieb im vergangenen Frühjahr von ihren Eltern übernommen, die ihren Lebensabend nun auf einer spanischen Insel verbrachten und mit sich selbst mehr als genug beschäftigt waren. Man telefonierte, wenn es hochkam, einmal im Monat und die ehemaligen Wirtsleute interessierten sich nicht dafür, ob Juliane etwas mit ihrem vorweggenommenen Erbe vorhatte, und wenn ja, was. Finanziell waren ihre Eltern dank einer üppigen Rentenversicherung und geschickt angelegtem Vermögen unabhängig. Allerdings hatten sie nicht vor, Juliane damit zu unterstützen. Ihre einzige Tochter hatte das »Taubertalhaus« bekommen. Das musste reichen. Was sie damit anstellte und mit welchem Geld sie das tat, war von nun an ihre Sache. Sie ließen sich den Sangria schmecken und wollten sich mit den Plänen ihrer Tochter nicht mehr belasten.

Und Juliane hatte Pläne! Sie wollte das in die Jahre gekommene Haus in neuem Glanz erstrahlen lassen. Ein Luxus-Wellnesshotel für die Reichen und Schönen schwebte ihr vor. Für das angegliederte Restaurant, das derzeit eine ordentliche, gut bürgerliche Küche anbot, hatte sie einen Sternekoch gewinnen können. Aber der wollte nicht nur eine größere Zahl auf seinem Gehaltszettel lesen als der momentane Küchenchef, nein, auch die Ausstattung, die er für seine Küche verlangte, überstieg Julianes Budget um ein Vielfaches. Und die Sterneküche war schließlich nur ein Teil ihres Vorhabens, in dem außerdem ein Yogalehrer aus Indien und ein Schönheitschirurg aus Castrop-Rauxel vorkamen.

Kurzum, Juliane brauchte Geld. Und nach einem ausführlichen Gespräch mit ihrem Bankberater und einigen schlaflosen Nächten hatte sie schließlich begonnen, nach einem solventen Investor zu suchen.

Zunächst hatte sie sich bei den Kollegen vor Ort umgehört. Wollte da jemand bei ihr einsteigen? Ein paar Mitbewerber hatten zwar Interesse gezeigt, allerdings nur an einer kompletten Übernahme des »Taubertalhaus« und natürlich zu ihren Konditionen. Auch die Offerten der örtlichen Geschäftsleute waren darauf hinausgelaufen. Juliane hätte die Führung abgeben müssen und dafür allenfalls einen Posten als Hausdame angeboten bekommen. Von ihren Ideen bezüglich des Umbaus und Imagewechsels ganz zu schweigen.

Juliane hatte also weitergesucht, überregional und branchenübergreifend. Nach und nach hatten sich ein paar Interessenten gefunden, doch auch die hatten so ihre Vorstellungen gehabt. Ihnen waren die zu tätigen den Investitionen im Verhältnis zum erwarteten Gewinn zu gering gewesen. Man hatte versucht, ihr den Sternekoch auszureden, der sei zu teuer und es gebe doch in der Region genügend arbeitslose Jungköchinnen und -köche. Manche hatten ihr den Yogalehrer madig machen wollen, stattdessen könne man doch eine Aerobictrainerin aus der Umgebung stundenweise engagieren. Die Idee, einen Schönheitschirurgen ins Team zu nehmen, war von mehreren Seiten aufs Schärfste kritisiert worden, die Zielgruppe hierfür sei zu klein und eine Kosmetikerin würde stattdessen ausreichen. Juliane hatte sich stur gestellt und weiter nach einem solventen Geldgeber gesucht, der ihre Bedingungen akzeptieren würde.

Schließlich hatte sie den Geschäftsmann Stefan Flitz aus Bottrop kennengelernt. Der war Inhaber der Fabrik für Lebensmittelfarben »Farben-Flitz« und suchte schon lange nach einer Möglichkeit, sein gewöhnliches Image aufzupolieren. Ein Luxushotel war ihm da gerade recht gekommen. Es könne gar nicht feudal genug sein. Geld, so ließ er durchblicken, spiele keine Rolle. Und das Wichtigste: Stefan Flitz liebte das Taubertal.

Er schien der perfekte Investor zu sein. Juliane war begeistert. So lange, bis Flitz vor ein paar Tagen hier nun endlich persönlich angekommen war und an wirklich allem herumnörgelte, was ihm in die Quere kam, alles besser wusste und sich überall einmischte.

Seither hegte Juliane Mordgelüste.

Die Unterlagen, die sie dem Geschäftsmann gleich nach seiner Ankunft vorgelegt hatte, schienen diesen kaum zu interessieren. Er wolle sich *persönlich* ein Bild vom Betrieb machen, hatte er gesagt und es innerhalb kürzester Zeit geschafft, sämtliche Mitarbeiter des »Taubertalhaus« vor den Kopf zu stoßen.

»Den Namen sollten wir ändern«, hatte er gestern beim Abendessen gesagt, »›Taubertalhaus‹, wie klingt das denn? ›Flitz-Ressort‹ hört sich viel besser an«, erklärte er, wobei er das »t« in Ressort mitsprach. Juliane hatte gelächelt und geschwiegen.

Mia Flitz hatte ebenfalls den Mund gehalten, allerdings ohne zu lächeln. Sie hatte in den drei Tagen, die sie nun hier war, kaum mehr als ein halbes Dutzend Sätze gesprochen. Sie verfolgte das Geschehen um sich herum ohne die geringste Gefühlsregung. Was zu unternehmen war, bestimmte stets ihr Mann und sie tat, was er verlangte. Eine eigene Meinung schien sie nicht zu haben und wenn doch, dann verbarg sie diese geschickt.

Nachdem Flitz sich, was das »Taubertalhaus« anging, seine vorläufige Meinung sehr schnell gebildet hatte, machte er sich an die Ausflugsziele, die die Region zu bieten hatte. Das immerhin, so musste Juliane zugeben, war eine hervorragende Idee und eine schöne Abwechslung für sie, auch wenn sie die Touren gerne in anderer Begleitung unternommen hätte. Flitz hatte sich auch hierbei, wie nicht anders zu erwarten, seine Kommentare nicht verkneifen können, was zu manch peinlichen Situationen geführt hatte. Juliane hatte die Zähne zusammengebissen. Ob Mia Flitz irgendwelche Beruhigungsmittel nahm? Weder hatten ihr die Entgleisungen ihres Gatten eine Reaktion entlockt noch die Sehenswürdigkeiten der Region.

Sie würden sich quasi die Tauber entlang arbeiten. Hatten mit einer Besichtigung der Burg in Wertheim begonnen, das Kloster Bronnbach besucht und waren durch die Altstadt Tauberbischofsheims geschlendert. Wenn es die Zeit ihrer Gäste erlauben und Juliane Stefan Flitz bis dahin nicht doch umgebracht haben würde, stünden nächste Woche Schlossführungen in Weikersheim und Bad Mergentheim auf dem Programm.

Für den heutigen Samstag nun war ein Ausflug zu den Becksteiner Winzern geplant. Dort wurde nämlich das alljährliche Sommernachtsfest gefeiert und Juliane hatte vorgeschlagen, dieses zu besuchen. »Da können Sie sich gleich einen Überblick über die Weine der Region verschaffen und Wissenswertes dazu erfahren«, hatte sie hinzugefügt.

»Na! Was Neues werden die mir wohl kaum erzählen können«, war die unbescheidene Antwort des Geschäftsmanns gewesen. »Mit Weinen kenne ich mich aus. Da macht mir keiner was vor. Aber so ein guter Tropfen ist nie verkehrt. Am besten, du machst einen Termin mit dem Geschäftsführer.« Flitz duzte Juliane genauso hartnäckig, wie sie ihm gegenüber beim »Sie« blieb. »Der soll uns was Ordentliches auftischen. Nicht so einen Fusel, wie die sonst der Landbevölkerung andrehen.«

Damit war der Ausflug beschlossene Sache. Flitz hatte gesprochen und diktierte ihr mit einer Handbewegung, alles in die Wege zu leiten.

Juliane ballte die Fäuste. Ihr Lächeln war zur Maske gefroren. Zu Recht wäre man bei den Becksteinern verärgert gewesen, hätte jemand im Zusammenhang mit ihrer Winzergenossenschaft die Bezeichnung »Fusel« verwendet. Nicht von ungefähr konnte man sich in ihrer WeinWelt über zahlreiche Auszeichnungen und prämierte Weine freuen. Einmal mehr erwog Juliane die Alternative zum Lächeln. Hatte sie nicht erst vor Kurzem über die Giftigkeit von Maiglöckchenblättern gelesen? Besonders gefährlich bei diesen hübschen Blumen war die Ähnlichkeit der Blätter mit denen des Bärlauchs. Gerichte mit Bärlauch hatten sie im Frühjahr auf der Speisekarte des »Taubertalhaus« gehabt und soweit sich Juliane erinnerte, hatten zu ebendieser Zeit auch Maiglöckchen in ihrem Garten geblüht. Sie schüttelte den Kopf, um den Gedanken zu vertreiben. Es war Juli, die Bärlauchzeit war vorüber und sie selbst war sich überdies nicht sicher, welche Menge an Maiglöckchenblättern nötig war, um einen erwachsenen Mann zu töten. Vielleicht sollte sie Flitz einfach erschlagen. Am besten mit einer Weinflasche.

*

Auf dem Tisch standen mehrere Weinflaschen unterschiedlicher Füllhöhe aufgereiht. Vor jeder der am Tisch sitzenden Personen befand sich die entsprechende Anzahl an Gläsern, ebenfalls mit differierendem Pegelstand.

Die vor Stefan Flitz waren allesamt leer. Der Geschäftsmann griff zu einem Glas und hielt es dem freundlichen Mitarbeiter der Becksteiner Winzergenossenschaft entgegen. »Gib mir noch mal was von diesem Schardonner«, verlangte er. Wie schon bei Juliane verwandte er auch dem Becksteiner gegenüber das vertrauliche Du. Der Profi verzog keine Miene und schenkte lächelnd nach.

»Mehr«, forderte Flitz, als das Glas halb voll war und der junge Mann die Flasche absetzen wollte.

Seiner Aufforderung wurde entsprochen.

Halbherzig schwenkte Flitz die honigfarbene Flüssigkeit in seinem Glas herum, verschüttete dabei einen guten Teil und leerte laut schlürfend die Hälfte des Weißweins in sich hinein. »Der is gut!«, lautete anschließend sein mit getrübtem Kennerblick vorgebrachtes Urteil. »Da nehmen wir 50 Kisten.« Er wedelte ungeduldig in Richtung des Genossenschaftsmitarbeiters. Der notierte.

Mia Flitz hielt sich an den Sekt. Ungeniert schenkte sie sich vom prämierten Pinot Meunier Blanc de Noir selbst nach.

Draußen im Hof waren inzwischen die Vorbereitungen des Sommernachtsfests in vollem Gange. Man hörte leises Klirren der herbeigeschleppten Flaschen, Poltern der Partybänke und letzte Anweisungen zu deren Aufbau. Die angekündigte Big Band war dabei, sich einzuspielen. Der Duft von Gegrilltem zog herein. Juliane lief das Wasser im Mund zusammen.

»Ich hab Hunger!«, verkündete Stefan Flitz prompt. »Gibt's da bald was zu essen?«

Der Angestellte der Becksteiner Winzer sah auf die Uhr. »Es müsste bald so weit sein. Gehen Sie doch schon ein bisschen raus und mischen sich unter die Leute«, schlug er dann vor. »Ich kümmere mich um Ihre Bestellung und alles Weitere können Sie mit Frau Berghof auch draußen besprechen.« Er bedachte Juliane mit einem mitleidigen Blick.

Die straffte die Schultern und erhob sich. »Ja«, beschied sie knapp. »Gehen wir.«

»Von dem Rotwein«, Flitz deutete auf die leere Flasche Schwarzriesling Spätlese. »Von dem auch noch mal 20 Kisten.« Er erhob sich und machte eine ausholende Handbewegung. »Am besten, Sie packen von allen noch zehn Kisten drauf«, lallte er.

»Zu Befehl«, murmelte der junge Mann leise.

Der rheinländische Geschäftsmann strebte schwankend in Richtung Ausgang. »Ach,«, rief er plötzlich und wandte sich abrupt um. Dabei geriet er ins Straucheln und wäre beinahe auf Juliane gefallen. Er krallte sich an ihren Armen fest und rülpste ihr ins Gesicht. »Bringen Sie uns noch ne Flasche von dieser Spätlese raus. Ich hab keine Lust, mit dem ganzen Volk für ein Glas Wein anzustehen.«

Julianes Lächeln wurde endgültig zur Grimasse. Sie schob den schnaufenden, nach Alkohol und Schweiß riechenden Flitz von sich weg und rieb sich die schmerzenden Oberarme. Wenn Sie ihm gleich im Gedränge einen Korkenzieher in den Rücken stoßen würde … könnte man das als Notwehr auslegen?

Mia Flitz zeigte indessen Eigeninitiative, sie schnappte sich die halbvolle Sektflasche nebst Glas und folgte den beiden, wie immer ohne erkennbare Emotionen.

*

Es war kurz vor sieben. Das Sommernachtsfest anlässlich der WeinGenussNacht würde in Kürze offiziell beginnen. Der stimmungsvoll hergerichtete Hof füllte sich immer weiter mit gut gelaunten Menschen. Der Ausschank war bereits geöffnet und man hatte dort reichlich zu tun.

Das Wetter war ideal: eine laue Sommernacht. Obwohl die Sonne noch nicht untergegangen war, brannte bereits die Festbeleuchtung und tauchte den Innenhof in warmes Licht.

Stefan Flitz steuerte auf eine der Partybänke zu und ließ sich schwer darauf plumpsen. Er öffnete einen weiteren Knopf seines schweißdurchtränkten Hemdes. »Ganz schön heiß hier, was?« Sein Blick wurde lüstern und er betrachtete Juliane mit unverhohlenem Interesse. »Komm, Mäuschen, setz dich zu Onkel Stefan«, forderte er dann und schlug dabei auf seinen rechten Oberschenkel.

Juliane hielt sich die immer noch schmerzenden Arme und versuchte, Abstand zu halten. Sie würde ihn erwürgen. Das war nicht einfach, aber inzwischen war sie so wütend, dass sie sicher war, schon allein aus Zorn die Kraft dazu aufbringen zu können. Vielleicht würde Mia ihr ja helfen? Die Unternehmersgattin widmete sich hingebungsvoll ihrem Sektglas und tat so, als bemerke sie die neuerlichen Entgleisungen ihres Mannes gar nicht. Wahrscheinlich war sie tatsächlich auf diesem Auge blind, denn es war ja nicht das erste Mal, dass der sich derart danebenbenahm.

Juliane wäre am liebsten heulend davongelaufen. Nie und nimmer könnte sie mit diesem Mann Geschäfte machen. Ausgerechnet hier, zwischen all den fröhlichen Menschen kämpfte sie mit den Tränen, weil ihr endgültig klar wurde, dass sie ihren Traum begraben musste. Während auf der Bühne gerade ein Vertreter der Becksteiner Winzer die Feier offiziell eröffnete, bahnte sie sich einen Weg durch die Menschentraube vom Grundstück herunter in Richtung der Zufahrtsstraße. Hier hatte sie ein Stück entfernt am Straßenrand ihren Wagen geparkt.

Glücklicherweise war sie gefahren und hatte demzufolge weitgehend auf Alkohol verzichtet. Jetzt war sie froh darüber. Wie ihre beiden Begleiter nach Hause kämen, war ihr in diesem Moment egal. Juliane stolperte blindlings den unbefestigten Seitenstreifen entlang. Alle Aufmerksamkeit im Hof war auf die Bühne gerichtet, wo nun die Band aufspielte. Keiner hatte sie beachtet, wie sie das Grundstück verlassen hatte.

Von der Ferne hörte sie das Geräusch eines herannahenden Lkws.

»Schätzelein, wohin so eilig?« Plötzlich fasste sie jemand am Ellbogen. Sie wirbelte herum. Wie hatte der besoffene Trottel es nur geschafft, ihr zu folgen?

Schwankend stand Stefan Flitz vor ihr. Die Beine breit ausgestellt, bemühte er sich um Gleichgewicht. Seine weiteren Worte gingen im Geräusch des näher kommenden 40-Tonners unter. Der hatte ein ganz schönes Tempo drauf. Juliane spannte die Muskeln an. Der Mund des Geschäftsmanns bewegte sich auf und zu, ohne dass sie etwas von dem Gesagten verstand. Sie sah nur den Sabberfaden, der sich vom rechten Mundwinkel bis zum Hals hinunterzog, und die Spuckebläschen in seinem Mundwinkel. Ihr Herz klopfte heftig. Jetzt oder nie!

*

»Noch mal mein herzlichstes Beileid, Frau Flitz.« Der Chef der Tourist-Information »liebliches Taubertal« schüttelte der Witwe die Hand.

Die Vertreter der örtlichen Presse hielten diesen Moment fotografisch fest und machten sich eifrig Notizen.

»Ein tragischer Unfall«, wusste ein Reporter der Fränkischen Nachrichten. »Bewundernswert, dass sie trotzdem ins ›Taubertalhaus‹ investiert hat. Ganz im Sinne ihres Mannes, wie sie bei einem Interview erwähnte.«

»Ja, so ein Luxushotel wertet unsere Region enorm auf«, schaltete sich ein weiterer Journalist ein, der zu der Neueröffnung des einstigen Berghof'schen Familienbetriebes gekommen war. Wie Phoenix aus der Asche war aus dem leicht heruntergekommenen Landgasthof ein Etablissement der Luxusklasse entstanden, das keine Wünsche der oberen Zehntausend offen ließ.

»Sie und Juliane Berghof scheinen aber auch wirklich ein gutes Team zu sein«, meldete sich ein weiterer Mitarbeiter des Tourismusbüros nun zu Wort.

Der Mann von den Fränkischen Nachrichten nickte. »Das kommt mir auch so vor. Warum sollte sie aber auch dem Wunsch ihres geliebten, verstorbenen Ehemannes zuwiderhandeln?«, ergänzte er dann.

»Und warum hätte Frau Berghof ihren Investor umbringen sollen?« Sein Kollege schüttelte verständnislos den Kopf über die Gerüchte, die kurz nach dem Ableben von Stefan Flitz die Runde gemacht hatten.

»Wir können wirklich froh sein, dass die Kripo da so gute Arbeit geleistet hat und den Fall als Unfall zu den Akten legen konnte.« Das war wieder einer der Vertreter der Tourismusbranche.

»Na ja, immerhin hatte der Lkw-Fahrer zunächst behauptet, eine Frau in einem roten Kleid habe den Mann auf die Straße geschubst. Und Frau Berghof trug als einzige Besucherin des Sommernachtsfestes bei den Becksteiner Winzern ein rotes Kleid.« Der Reporter einer überregionalen Zeitung schien ein klein wenig enttäuscht zu sein, ob der entgangenen Schlagzeilen im Falle einer Mordermittlung.

»Das war der Schock, werter Kollege«, erwiderte eine andere Journalistin, »Frau Flitz hat deutlich und unmissverständlich klargemacht, dass sie und Juliane Berghof den ganzen Abend *ununterbrochen* zusammen waren.« Sie hob ihr Sektglas und prostete den beiden Frauen zu, die sich gerade anschickten, ein paar Begrüßungsworte anlässlich der Neueröffnung des »Taubertalhaus« zu sagen.

Mia Flitz erwiderte die Geste mit ihrem Glas Becksteiner Sekt Pinot Meunier Blanc de Noir und schenkte ihren anwesenden Gästen ein überaus bezauberndes Lächeln.

08 – VON MÖRDERN UND SOLCHEN, DIE ES WERDEN WOLLEN
(BAD MERGENTHEIM; DEUTSCHORDENSSCHLOSS)

Haben Sie schon mal jemanden umgebracht?

Keine Fliege oder ein anderes lästiges Insekt – oder höchstens im übertragenen Sinne ein »lästiges Insekt«. Also konkret: Haben Sie schon mal einen Menschen getötet? Noch konkreter: Haben Sie schon mal einen Menschen *mit Vorsatz* getötet? Will heißen: Sie haben es geplant und dann die betreffende Person vom Leben in den Tod befördert.

Ich frage deshalb so genau, weil ich eben das vorhatte. Jemanden umbringen.

Aber so leicht, wie das jetzt vielleicht klingen mag, ist das nicht. Wenn Sie es selbst schon versucht haben, dann werden Sie mir recht geben. Wenn nicht, dann denken Sie mal darüber nach.

Falls Sie sich nun fragen, warum ich es trotz der eben genannten Erkenntnisse unbedingt versuchen wollte und ob es mir am Ende gelungen ist – tja, das ist eine längere Geschichte. Am besten, ich fange vorne an:

Vor drei Jahren lernte ich sie kennen. Meine Traumfrau Isabella Korthaus. Isabella vereinigt alles, wovon ich träume: Sie sieht fantastisch aus, sie ist witzig, unterhaltsam und sexy und sie ist reich. Also, um genau zu sein: Ihr Vater war reich. Er hat irgendeine bahnbrechende Erfindung gemacht, durch die er zu einem unanständig großen Haufen Geldes kam und dank der er und seine Familie sorgenfrei leben können. Oder es zumindest konnten. Isabella war seine einzige, abgöttisch geliebte Tochter und freute sich über großzügige monatliche Zahlungen. So großzügig, dass sie noch nie einer geregelten Arbeit hatte nachgehen müssen, als ich sie kennenlernte.

Das war auch der Stand, als wir vor zweieinhalb Jahren heirateten.

Ich war bis dato ebenfalls durchs Leben gekommen, ohne einen Handschlag dafür zu tun. Ich sehe ganz passabel aus und bis zu dem Moment, als ich Isabella kennengelernt habe, hatte sich noch immer eine reiche, meist ältere Frau gefunden, die eine gewisse Zeit lang Tisch, Bett und Bankkonto mit mir teilte.

Trotzdem war Isabella für mich wie ein Sechser im Lotto. Wie gesagt, sie ist äußerst attraktiv, dabei im Gegensatz zu den bisherigen Frauen in meinem Leben im gleichen Alter wie ich, sie konnte mir durch die vorgenannten Tatsachen ein arbeitsfreies Leben bieten und, das Wichtigste, sie schien mich ehrlich zu mögen. Immerhin wollte sie mich heiraten. Selbstverständlich habe ich Ja gesagt.

Übrigens, mein Name ist beziehungsweise war Kevin Propofski. Ich weiß, das klingt furchtbar. Kevin – irgendjemand Gehässiges sagte einmal, das sei kein Name, das sei eine Diagnose. Das habe ich mir zu Herzen genommen und mich seither in Kristoffer umbenannt, das klingt skandinavisch und passt zu meinem Aussehen: groß, blond, athletisch. Meinen verhassten Nachnamen konnte ich dann bei der Eheschließung ablegen. Jetzt heiße ich Kristoffer Korthaus. Das hat doch was.

Isabella und ich waren bald das »Traumpaar vom Taubertal«. Wir leben nämlich in Bad Mergentheim an der Tauber.

Das kennen Sie nicht? Dann haben Sie etwas verpasst: Mergentheim wurde im Jahr 1058 erstmals erwähnt, es atmet also Geschichte. Unser prächtiges Schloss hat es mir persönlich besonders angetan. Es liegt in der Innenstadt, war seit 1219 Niederlassung des Deutschen Ordens und von 1526 bis 1809 befand sich dort die Residenz der Hoch- und Deutschmeister. Der Deutsche Orden ist, wie Sie bei einem Besuch in Bad Mergentheim bemerken werden, auch heute noch präsent. Angefangen beim Deutschordenmuseum, das sich im Schloss befindet, bis hin zum Deutschorden-Gymnasium. Dort hat Isabella ihr Abitur gemacht. Das Prädikat »Bad« hat die Stadt übrigens im Jahr 1926 erhalten, nachdem etwa 100 Jahre zuvor ein Schäfer oder besser gesagt seine Schafe die erste Heilquelle entdeckten. Angeblich war er aber nicht der Erste, wie Grabarbeiten zeigen, die aus der Bronzezeit stammen. Interessant, nicht wahr? Und gesund. Kein Wunder, dass hier Jahr für Jahr jede Menge Touristen ihren Urlaub verbringen. Oft sind es ehemalige Kurgäste, die dem Charme unserer Stadt erlegen sind.

Gut, vielleicht ist es nicht unbedingt der Ort, der einem zuerst einfällt, wenn man an die Reichen und Schönen denkt, aber wir fühlen uns hier sehr wohl. Und wenn es uns nach ausschweifendem Nachtleben gelüstet, sind wir von hier aus schnell in Würzburg oder wir jetten gleich ins benachbarte Ausland. Die Familie meiner Frau hat einen Privatflieger auf dem Flughafen in Niederstetten stehen, den wir regelmäßig nutzen.

Hier im Taubertal allerdings haben wir herrliche Landschaft, bestes Wetter – tatsächlich regnet es in »unserem« Tal weniger als andernorts in Deutschland –, jede Menge Sehenswürdigkeiten und leckeres Essen und Trinken. Sie wissen doch »Kenner trinken Württemberger«. Aber genug der Lobhudelei. Ich wollte ja keinen Reiseführer schreiben, sondern berichten, wie ich zum potenziellen Mörder wurde.

Zunächst einmal war alles perfekt. Wir genossen das Leben und Schwiegerpapa bezahlte.

Dann kam der Unfall. Er war mit seinem Porsche auf dem Heimweg von irgendeiner Sport-Veranstaltung, zu der ihn seine Frau – meine Schwiegermutter – nicht hatte begleiten wollen. Seine Mannschaft hatte sich bei dem Sport-Event, ich glaube es war ein Fußballspiel, wohl ganz gut geschlagen. Man hatte ordentlich gefeiert und reichlich gebechert und auf dem Rückweg war es dann passiert. Er unterschätzte eine Kurve und die Wirkung des Alkohols und knallte mit über 100 Sachen gegen einen Baum am Wegesrand. Er war sofort tot.

Uns hat das sehr getroffen.

Isabella war plötzlich Halbwaise, ihre Mutter wurde zur Witwe. Und deren erste »Amtshandlung« in dieser Funktion war es, die monatliche Überweisung an ihre Tochter zu kürzen. Meine Frau war schon immer »Papas Liebling« gewesen, das ließ die frischgebackene Witwe sie nun spüren. Sie riet Isabella, sich Arbeit zu suchen, wenn ihr die Zahlungen nicht reichen sollten. Sie selbst gab indessen das Geld mit vollen Händen aus.

Isabella heulte Rotz und Wasser. Sie bettelte, flehte, drohte. Nichts half. Schwiegermutter blieb hart und unser Geld wurde knapp.

Schließlich verlangte Isabella von mir, etwas zu unserem Lebensunterhalt beizutragen. Doch das war nicht so leicht, wie es sich anhören mag. Ich hatte ja nichts gelernt. Für eine Ausbildung oder ein Studium hatte mir die Ausdauer gefehlt. Isabella ging es genauso. Zum Glück hatten wir bisher noch keine Kinder. Trotzdem reichte es hinten und vorne nicht mehr, auch wenn wir lediglich für uns beide zu sorgen hatten.

Aber wie? Wieder mal hielten wir Familienrat.

»Du könntest als Fotomodell arbeiten«, schlug Isabella mir vor.

Das war einfacher gesagt als getan. Für den Model-Job war ich eindeutig zu alt und, ich gab es ungern zu, nicht ausreichend in Form.

»Dann geh halt ins Fitnessstudio«, verlangte meine liebende Gattin.

Ich seufzte. »So schnell geht das aber nicht, das weißt du doch selber.« Damit traf ich ihren wunden Punkt. Ihre eigenen Bewerbungen bei diversen Modelagenturen waren überall abschlägig beschieden worden. Nur bei einem »Escortservice mit dem gewissen Extra« hätte man sie auf Probe genommen. Da hatte sie von sich aus einen Rückzieher gemacht.

»*Du* könntest doch bei diesem Escort-Dingens anfangen«, forderte sie nun. »*Das* kannst du wenigstens.«

Ich wusste nicht, ob ich beleidigt oder geschmeichelt sein sollte, aber auf keinen Fall würde ich so einen Job machen. In Bad Mergentheim, wo jeder jeden kennt und wo wir zur Prominenz gehören, konnte ich mich ja wohl schlecht für Geld mit fremden Frauen einlassen. »Wenn sich das rumspricht …«

Isabella runzelte die Stirn. Da musste sie mir wohl oder übel recht geben.

»Und erst, wenn deine Mutter Wind davon bekommt«, setzte ich noch einen drauf.

Sie nickte langsam und dachte nach.

Ich stand indessen auf und schenkte mir in der Hausbar einen Whisky ein.

Isabella grübelte weiter.

Ich setzte mich wieder neben sie.

»Du musst sie umbringen«, teilte sie mir schließlich das Ergebnis ihrer reiflichen Überlegungen mit.

*

So wurde die Idee geboren. Isabella hat sie zur Welt gebracht, aber ich sollte ihre Amme werden. Meine Frau war nicht mehr davon abzubringen.

»Aber Kris«, beschwor sie mich, »damit sind wir auf einen Schlag alle Probleme los!«

So, wie sie das sagte, meinte sie das mit dem »Schlag« durchaus wörtlich. Ich hatte so meine Zweifel. Immerhin hatte ich bis dato noch keinen Menschen auf dem Gewissen und ich stellte es mir auch nicht so einfach vor, jemanden zu töten, vor allem, wenn man dabei nicht erwischt werden wollte. Und das wollte ich auf keinen Fall!

Genau so sagte ich es zu Isabella. Aber die ließ sich nicht überzeugen. »Dann überleg dir halt was!«, verlangte sie und wurde sogar bockig: »Wenn du nichts tust, lasse ich mich scheiden!«, drohte sie mir. Sie verschränkte die Arme vor der Brust und sah mich finster aus ihren großen braunen Augen an.

Ich schluckte. Wir hatten seinerzeit auf Wunsch meines Schwiegervaters einen Ehevertrag abgeschlossen und soweit ich mich erinnerte, würde ich im Falle einer Trennung ziemlich mittellos dastehen.

Isabella las es wahrscheinlich in meinem Gesicht, was ich von dieser Option hielt. Ihr Lächeln hatte etwas Diabolisches, als sie verbal nachtrat: »Du hast drei Monate Zeit.«

*

Jetzt war guter Rat teuer. Und allein schon der Gedanke an etwas Teures trieb mir das Wasser in die Augen. Ich war pleite, lebte von der Hand in den Mund. Also doch der Schwiegermuttermord?

Ich versuchte, einen Plan zu schmieden. Zunächst überlegte ich mir, dass ich mich wohl auf die Art des Todes festlegen sollte. Wenn ich erst einmal entschieden hätte, wie meine Frau zur Vollwaise werden würde, konnte ich mich der Beschaffung der Waffen oder Werkzeuge widmen und über die Durchführung nachdenken.

Also, wie könnte meine Schwiegermutter aus dem Leben scheiden? Probeweise gab ich die Begriffe »Mord«, »unerkannt« und »einfach« in die Suchmaschine meines Laptops ein.

Allein die Fülle der Ergebnisse – laut meines PCs ungefähr 170.000 – überforderte mich.

Was mir beim anschließenden, eher ziellosen Durchblättern des Internets auffiel, waren zahlreiche Kriminalromane, die sich mit diesem »Thema« befassten. Machte ja irgendwie Sinn. Ich sichtete also diverse Leseproben. Kam vom Hundertsten ins Tausendste. Nachdem ich eine weitere Stunde durch das World Wide Web gesurft war und unzählige Buchauszüge gelesen hatte, änderte ich meine Strategie.

Ich war eher so der kommunikative Typ, also suchte ich die örtliche Buchhandlung Moritz und Lux am Gänsmarkt in der Innenstadt auf. Obwohl ich fast täglich daran vorbeigehe und meist einen Blick in die ansprechend dekorierten Schaufenster werfe, hatte ich das Geschäft schon seit einer gefühlten Ewigkeit nicht mehr betreten. Lesen war nicht so meins, wozu gab es denn Fernsehen? Aber das würde sich nun ändern.

»Guten Tag, kann ich Ihnen helfen?«, erkundigte sich im Laden eine freundliche Mitarbeiterin, die wahrscheinlich meinen hilflosen Blick bemerkt hatte.

»Äh, hallo. Ja, also ich suche einen Krimi.«

Die Buchhändlerin lächelte. »Na, da sind Sie bei uns genau richtig. Haben Sie eine präzisere Vorstellung? Eher ein Thriller oder lieber Cosy-Crime? Historisch oder aktuell?«

Ich muss sie entgeistert angesehen haben, denn Sie fragte weiter: »Wollen Sie ihn selbst lesen oder soll es ein Geschenk sein?«

»Äh, ach so. Nein, ich lese schon selber«, konnte ich ihr wenigstens *diese* Frage beantworten.

»Und in welcher Zeitepoche soll das Buch handeln? In der Vergangenheit oder in der heutigen Zeit? Oder ein Science-Fiction-Roman?«

Darauf wusste ich auch etwas zu entgegnen, was halfen mir schließlich Mordmethoden aus dem letzten oder vorletzten Jahrhundert? Oder Mord*werkzeuge*, die es heutzutage noch gar nicht gab? »Heute!«, schmetterte ich ihr triumphierend entgegen.

»Bevorzugen Sie die klassischen Ermittler?« Sie sah mich fragend an. »Oder mögen Sie lieber ein ungewöhnliches Setting?«

Ich räusperte mich und setzte mein bezauberndstes Lächeln auf. »Ungewöhnlich!«, antwortete ich dann und meinte dabei eher das intensive Blau ihrer Augen.

Doch auch diese Information, so schien es, genügte ihr noch nicht. »Haben Sie einen Wunsch bezüglich des Handlungsortes?«

»Ach, also …« Unentschlossen blickte ich mich um.

»Vielleicht etwas Regionales? Ein Krimi aus dem Taubertal? Oder reisen sie lieber literarisch in ferne Länder?«, half sie mir auf die Sprünge.

»Nein, aus der Region wäre gut.« Wer weiß, möglicherweise fand ich da gleich den passenden Ort für meine Tat?

Sie nickte und trat an ein großes Regal. »Bevorzugen Sie es gruselig oder steht für Sie der Humor im Vordergrund?«, wollte sie dann weiter wissen.

Das war ja gar nicht so einfach, das passende Buch zu finden. Die nette Verkäuferin musste sich wirklich gut auskennen. Vielleicht sollte ich sie mal zum Essen einladen und dabei weiter ausfragen? Der Gedanke gefiel mir, denn sie schien nicht nur klug und geduldig zu sein, sie sah auch ausnehmend gut aus, wie sie mich jetzt aufmerksam musterte.

»Humor«, beschied ich schließlich. Wenn schon jemand sterben musste, dann wenigstens mit einem Lachen.

»Dann könnte ich Ihnen beispielsweise diesen hier empfehlen.« Sie reichte mir ein Taschenbuch mit einem Weinglas auf dem Cover. »Darin wird ein Mann vergiftet, und zwar …«

*

Als ich zwei Stunden später den Buchladen verließ, schleppte ich schwer an zwei großen, prall gefüllten Papiertüten, war um 190 Euro ärmer und ein kleines bisschen verliebt. Schon lange nicht mehr hatte mir eine dermaßen attraktive Person wie die Buchhändlerin so viel Aufmerksamkeit geschenkt und mich derart in ihren Bann gezogen. Sie hatte es geschafft, dass ich ehrlich neugierig war, wie die ganzen Krimis, die sie mir verkauft hatte, wohl weitergehen würden.

Aber zunächst war meine Mission ja eine andere.

*

Zu Hause setzte ich mich an den Küchentisch und durchsuchte die Bücher gezielt nach den darin enthaltenen Mordmethoden.

Am gängigsten waren Schusswaffen, aber wo sollte ich da so schnell eine herbekommen? Ich war kein Jäger und kannte auch keinen.

An zweiter Stelle standen Messer oder andere Stichwerkzeuge, das kam ebenfalls nicht infrage, denn es endete meist ziemlich blutig. Und einen Tatort so zu reinigen, dass die Kriminalpolizei keine Spuren mehr findet, schien ein Ding der Unmöglichkeit.

Ebenfalls sehr beliebt war Gift. Letzteres erschien mir die vielversprechendste Möglichkeit zu sein. Hier war es allerdings ähnlich wie bei den Schusswaffen: Die Beschaffung würde vermutlich die Schwierigkeit darstellen. Ich konnte ja schlecht in die Burg-Apotheke in der Burgstraße marschieren und Arsen oder Zyankali verlangen. Womöglich auf die Frage nach der gewünschten Menge noch antworten: »Für ein bis zwei Personen.« Nein, so ginge das nicht. Ich musste nach einer anderen Quelle Ausschau halten. Rattengift gab es beispielsweise im Baumarkt, aber die warben gleichzeitig mit der Ungefährlichkeit für Menschen. Das »gute Rattengift«, das für meine Zwecke geeignet wäre, war schon eine ganze Weile nicht mehr frei verkäuflich und nur Fachleuten zugänglich. Und weil ich kein Fachmann war und auch keinen kannte, der mir das Zeug beschaffen konnte, musste ich diese Möglichkeit ebenfalls verwerfen.

Blieb noch das, was Mutter Natur so an tödlichen Giften bereithält. Als die gefährlichsten heimischen Pflanzen machte ich Eisenhut und Tollkirsche aus. Besonders heimtückisch und erfolgversprechend sollte aber auch der grüne Knollenblätterpilz sein, weil der seine Wirkung erst nach einigen Tagen zeigte, wenn jede Hilfe zu spät kam. Allerdings bin ich kein Botaniker. Ich hatte, mal wieder, keine Ahnung, wo genau diese tödlichen Gewächse zu finden sind, und vor allem wusste ich nicht, ob ich sie zweifelsfrei erkennen würde, wenn ich denn davorstand. Knollenblätterpilze sahen Champignons zum Verwechseln ähnlich. Wilde Heidelbeeren konnten schon mal für Tollkirschen gehalten werden. Und die Blätter des Beifußes glichen denen des Eisenhuts. Was, wenn ich den »falschen Zwilling« erwischte? Mehrere Anläufe konnte ich mir nicht leisten.

Meine Planung war also noch nicht sehr weit gediehen, als Isabella sich mal wieder nach dem Stand der Dinge erkundigte. »Nur noch zwei Wochen, dann ist deine Frist abgelaufen«, begann sie. »Meine Mutter hat auch schon nach dir gefragt, sie meinte, sie habe dich schon so lange nicht mehr gesehen. Was ist denn jetzt?« Sie machte eine Geste, als schneide sie sich die Kehle durch.

»Ich … arbeite daran.« Unwirsch legte ich einen Krimi beiseite, in der das Opfer mit einer Statue erschlagen worden war. Hatte meine Schwiegermutter nicht diese scheußliche Skulptur im Eingangsbereich stehen? Eine Fruchtbarkeitsgöttin oder etwas in der Art. Aber die war aus Holz, wie mir jetzt wieder einfiel.

»Dann halte dich ran«, unterbrach Isabella meine Gedanken. »Wir sind übrigens am übernächsten Sonntag zum Essen bei ihr eingeladen.« Damit drehte sie sich um und überließ mich der Lektüre eines Kurzgeschichtenbandes.

*

Im vorletzten Buch wurde ich endlich fündig. Warum nicht statt mit einer giftigen Pflanze, mit einem tödlichen Tier morden? Der Pfeilgiftfrosch schien da ein besonders wirkungsvolles Exemplar zu sein. Ich gebe zu, dass die Entscheidung für die toxische Amphibie letztendlich der immer knapper werdenden Zeit geschuldet war. Viel Recherchemöglichkeit blieb nicht mehr, in drei Tagen sollten wir bei Schwiegermutter antanzen. Bis dahin brauchte ich so ein Vieh. Das Gift sollte über die Haut aufgenommen werden. Davon stellte Schwiegermama in letzter Zeit mehr zur Schau, als ihr Umfeld sehen wollte. Also genug Angriffsfläche. Von Isabella wusste ich, dass wir am kommenden Sonntag zu dritt waren. Nur ihre Mutter, sie und ich. Das Wetter sollte schön werden und wir würden uns sicher wie immer für einen Absacker auf die Terrasse setzen. Auf ihren Garten war meine Schwiegermutter besonders stolz. Zu diesem Zeitpunkt würde ich mich kurz entschuldigen, heimlich Handschuhe überstreifen, das Fröschlein holen und an Schwiegermutters Oberarm oder vielleicht sogar an den Hals halten. Die Wirkung des Gifts würde sicherlich schnell eintreten und ich könnte meinem lurchartigen Helfer die Freiheit im Gartenteich schenken. Anschließend würden Isabella und ich uns empfehlen und müssten nur noch abwarten.

Das klang doch nach einem Plan.

Fehlte nur noch der Frosch. Den konnte ich nun schlecht in Bad Mergentheim kaufen. Ich machte also einen größeren Laden für Terrariumbedarf in Heilbronn ausfindig und fuhr dorthin. Erst mit dem Auto und das letzte Stück mit Bus und Bahn. Sicherheitshalber hatte ich mich mit Basecap und einer Sonnenbrille ausgestattet und bezahlte selbstverständlich in bar. Der Verkäufer wollte mir noch Verschiedenes über die Haltung und Besonderheiten meines kleinen, neu erworbenen Lieblings erzählen, wahrscheinlich wollte er mich über die Gefährlichkeit des schönen bunten Frosches aufklären. Doch ich winkte ab und behauptete, mich bestens auszukennen. Ich versicherte ihm, dass er zu Artgenossen übersiedeln würde, was ja am Ende auch stimmte, wenn ich ihm seine Freiheit im schwiegerelterlichen Gartenteich schenken würde. Endlich ließ er mich ziehen.

*

Isabella betrachtete die Transportbox mit dem Frosch, als handele es sich um eine Handgranate. Ich gestehe, mir war ebenfalls nicht ganz wohl damit. In der Nacht tat ich kaum ein Auge zu und kontrollierte stündlich, ob unser Hausgast nicht zwischenzeitlich ausgebüxt war. Glücklicherweise fand das Essen bei meiner Schwiegermutter bereits am folgenden Tag statt.

*

Alles verlief nach Plan. Wir aßen im Haus. Es gab gedünsteten Lachs auf Blattspinat, dazu einen Weißwein aus der Region. Ein leichtes und vor allem gesundes Essen. Schließlich wollte uns meine Schwiegermutter ja noch lange erhalten bleiben, wie sie mit, wie mir schien, diabolischem Grinsen erklärte.

Nach dem Essen legte Isabella ihrer Mutter die Hand auf den nackten (!) Oberarm. »Wollen wir uns nicht noch einen Moment nach draußen setzen? Es ist so ein schöner Sommerabend und du hast bestimmt wieder ein paar Neuheiten in deinem wunderschönen Garten, die du uns zeigen möchtest.«

Wie zu erwarten, wurde ihrem Vorschlag entsprochen. Meine Frau bekam den Auftrag, den Tisch abzuräumen, was sie – ausnahmsweise ohne Widerworte – tat. Ich sollte eine weitere Flasche Wein öffnen. Auch diesem Wunsch kam ich nach und wir wechselten auf die Terrasse mit Aussicht auf den Garten und den malerisch angelegten Teich.

Endlich war der Moment gekommen. Isabella warf mir einen bedeutungsvollen Blick zu.

»Entschuldigt mich«, bat ich, während ich mich erhob. »Wir haben noch eine Kleinigkeit im Wagen für dich, Mutter. Eine Überraschung.« Ich ging nach draußen, streifte mir Gummihandschuhe über und befreite endlich unser Mitbringsel aus der Transportbox.

*

»Ach, ihr seid doch verrückt!« Mit leuchtenden Augen sah meine Schwiegermutter zum Gartenteich, wo sich der farbenfrohe Frosch gerade quakend ins Wasser stürzte. »Der ist wirklich wunderschön! Vielen Dank!«

Hinter ihrem Rücken funkelte meine Frau mich böse an und gestikulierte wild.

Ich zuckte die Schultern und entledigte mich der Gummihandschuhe.

»Obwohl dein kleiner Scherz schon ein bisschen makaber war.« Neckisch drohte Schwiegermama mir mit dem Finger. »Aber klar, wer sich auskennt, weiß, dass Pfeilgiftfrösche in Gefangenschaft nicht mehr giftig sind, weil sie diese Käfer und Larven, aus denen das Gift entsteht, hier gar nicht zu fressen bekommen. Ansonsten wären sie ja auch lebensgefährlich.« Sie lachte. »Wie schön, dass du dich mit meinem Hobby beschäftigt hast, das hätte ich gar nicht von dir gedacht.« Sie schenkte mir ein warmes Lächeln.

Im Gegensatz dazu waren Isabellas Blicke, die mich trafen, eiskalt. »Mutter«, setzte sie nun an. »Wir müssen dir noch etwas mitteilen. Leider, aber es geht einfach nicht mehr anders«, sie machte eine bedeutungsvolle Pause, »Kristoffer und ich, wir lassen uns scheiden.«

09 – FIFTY SHADES OF ...
(BAD MERGENTHEIM; KURPARK)

»Du hast dich selbst übertroffen.« Zufrieden betrachtete Robin Blindow die Fotos, die neben den beiden Sektkelchen auf dem Couchtisch lagen. »Sieht fast so aus, als hättest du Spaß daran gehabt.« Er entkorkte die Champagnerflasche und füllte ihre Gläser.

Seine Freundin Mira Krafft griff schnell nach einem davon. Seit sieben Jahren war sie Robins Kollegin und arbeitete zusammen mit ihm als Pflegekraft in einer Kurklinik in Bad Mergentheim an der Tauber. Gleich in der ersten gemeinsamen Arbeitswoche hatte es damals zwischen ihnen gefunkt und nach nur drei weiteren Monaten waren sie zusammengezogen. Das hauptsächlich aus finanziellen Gründen.

»Auf unseren Erfolg!«, prostete Mira nun ihrem Lebensgefährten zu.

»Auf dich! Die Sexgöttin von Bad Mergentheim.« Er warf einen weiteren Blick auf die Bilder, die Mira beim Liebesspiel mit dem schwerreichen Unternehmer aus Berlin, Marc Reusenberg, zeigten. Früher hätte ihn bei diesem Anblick ein Stich der Eifersucht durchfahren, doch die Zeiten waren vorbei. Und selbst wenn es ihm nicht gleichgültig wäre, würde er nie etwas in dieser

Art sagen. Immerhin war das Ganze seine Idee gewesen. Damals, vor gut fünf Jahren, als so ein reicher Lustgreis Mira ganz ungeniert Avancen gemacht hatte, da war ihm der Gedanke dazu gekommen. Er hatte sich mit der Kamera auf die Lauer gelegt, als Mira sich mit dem Alten beim Rosenbachlauf im Kurpark getroffen hatte. Der Gute konnte seine Hände nicht bei sich behalten, kaum dass sie sich auf einer der Bänke dort niedergelassen hatten. Robin hatte das Zusammentreffen fotografisch festgehalten. Ein paar Bilder der beiden in eindeutig zweideutigen Posen hatten ausgereicht und sie waren in der Lage gewesen, ein ordentliches Schweigegeld zu kassieren.

Kurz darauf war so ein kleiner Lokalpolitiker aus dem Fränkischen gekommen, der um seinen guten Ruf gefürchtet und der noch tiefer in die Tasche gegriffen hatte. Einen Teil des Geldes hatten Robin und Mira in eine bessere Ausrüstung investiert und ein neues Geschäftsmodell war geboren gewesen.

Da Mira einmal wöchentlich mit der Sekretärin des Verwaltungschefs ihrer Klinik in die Sauna des Solymar ging, war es ihnen ein Leichtes, Informationen über den finanziellen Hintergrund und das familiäre wie berufliche Umfeld ihrer potenziellen Opfer herauszubekommen. Meistens waren es ältere Herren, die sie sich aussuchten. Ab und zu war auch mal eine wohlhabende Ehefrau für Robin dabei. Doch das weibliche Geschlecht biss seltener an und dann saß das Geld längst nicht so locker wie bei den Männern.

»Deine Einsätze gestalten sich wesentlich lukrativer als meine«, brachte es Robin auf den Punkt und schenkte sich Champagner nach.

»Tja, dann streng dich mal an.« Mira nahm eines der Fotos vom Tisch. Sie lächelte versonnen.

Robin sah ihr über die Schulter. »Du siehst darauf wirklich so aus, als ob es dir gefallen hätte.«

Seine Freundin warf die Ablichtung zurück zu den anderen. »Ich bin halt eine gute Schauspielerin«, erwiderte sie, ohne ihn anzusehen.

»Und der Alte hat sich rein optisch ganz gut gehalten«, kommentierte Robin den sportlichen Körper und den vollen Haarschopf mit den grauen Schläfen des nackten Mannes auf den Fotos. Er erinnerte ihn an einen älteren Schauspieler, den er neulich in einer Talkshow gesehen hatte und der nach wie vor über einen Schlag bei der Damenwelt verfügte.

»Stimmt. Es hat schon Schlimmere gegeben«, gab Mira schulterzuckend zurück. »Bist du etwa eifersüchtig?«

»Phhh! Auf den?« Ihr Freund leerte hastig sein Glas und füllte es ein weiteres Mal.

»Dann ist es ja gut.«

Sie tranken und hingen ihren jeweiligen Gedanken nach.

Schließlich ergriff Mira erneut das Wort: »Er hat mir übrigens erzählt, dass seine Frau nächsten Monat nach Bad Mergentheim zur Kur kommt.« Sie deutete auf die Fotos.

»Wenn das kein Zufall ist«, brummte Robin.

»Wie wäre es, wenn wir ihr Liebesleben auch ein bisschen in Schwung brächten?«

Robin schwieg.

»Ich glaube, von ihrem Mann kann sie diesbezüglich im Moment nichts erwarten, also bezüglich ihres Liebeslebens.« Mira zwinkerte ihrem Freund zu. »Der hat sich ja gerade ziemlich verausgabt und ...«, sie machte eine Kunstpause, in der sie genüsslich einen Schluck Champagner schlürfte, »und so ganz fit war er dabei auch noch nicht, wenn du weißt, was ich meine. Dabei liebt seine Gattin angeblich besonders zupackende Männerhände, wie er hinterher erwähnt hat.« Sie warf einen bedeutungsvollen Blick auf Robins Hände.

»Und sie hat ein eigenes Konto?«, wollte der wissen.

»Seine Firma hat er mit ihrem Geld aufgebaut. Es war bestimmt gar nicht so leicht, uns davon zu bezahlen, ohne dass sie etwas mitbekommen hat.« Mira grinste hinterhältig.

»Was du so alles von deinen Lovern erfährst ...« Robin nahm ihr das Glas ab und zog seine Freundin zu sich heran.

*

Ein Anruf in Abwesenheit.

Robin hatte es schon während der Arbeit gesehen, als er einen Blick auf das eigens zu diesem Zweck angeschaffte Prepaid-Handy geworfen hatte. Mit dem

Mobiltelefon nahmen sie Kontakt zu ihren »Opfern« auf und tauschten es in regelmäßigen Zeitabständen aus. Nach Reusenberg war das allerdings noch nicht geschehen. Der Geschäftsmann hatte schließlich zügig und ohne Widerworte bezahlt. Es bestand also keine Notwendigkeit, es auszuwechseln. Trotzdem war es ein Zufall gewesen, dass er das Handy heute bei der Arbeit dabeigehabt hatte. Er musste es wohl gestern Abend aus Versehen zusammen mit seinem E-Reader und den Müsliriegeln für die Pause in seine Umhängetasche gepackt haben. Er konnte sich nicht mehr so genau erinnern, denn die zur Feier des Tages geköpfte Flasche Champagner hatte er fast alleine ausgetrunken. Und trotzdem war er ohne Kater aufgewacht. Er grinste. So ein feiner Schampus war halt doch was anderes als das billige Zeug, das sie früher immer getrunken hatten.

Beschwingt schlenderte er durch den Kurpark. Heute war sein kurzer Tag. Normalerweise drehte er an seinem freien Nachmittag ein paar Runden im Sportbecken der nahe gelegenen Solymar-Therme. Man musste schließlich in Form bleiben, wenn man ältere Damen beeindrucken wollte. Aber heute schwänzte er ausnahmsweise. Das Wetter war herrlich und er fühlte sich auch ohne Training unwiderstehlich. Außerdem hatte er in seiner Frühstückspause das Handy bemerkt und damit die Tatsache, dass Reusenberg offenbar versucht hatte, ihn und Mira zu erreichen. Da wollte er lieber erst einmal abklären, was der Unternehmer von ihnen wollte. Hoffentlich hatte er es sich nicht anders überlegt und womöglich seiner Frau alles gebeichtet, so wie letztes Jahr dieser Bankvorstand aus München. Der hatte kalte Füße bekommen und seine Frau eingeweiht. Da hatten sie ganz schnell das belastende Material verschwinden lassen und das Mobiltelefon austauschen müssen. Aber Reusenberg hatte im Gegensatz zu dem Münchner bereits bezahlt.

Robin steuerte den Japangarten an. Er liebte diesen von einem Gartenbaumeister der japanischen Partnerstadt angelegten Teil des Bad Mergentheimer Kurparks mit den vielen kleinen Wasserfällen besonders. Er überquerte die Bogenbrücke aus Granit und suchte sich ein ruhiges Plätzchen. Dann wählte er Reusenbergs Nummer.

»Hallo!« Schon nach dem ersten Klingeln nahm der das Gespräch an.

»Sie hatten angerufen?«, hielt sich Robin nicht lange mit einer Begrüßung auf. Nur nicht zu entgegenkommend sein, das könnte das Gegenüber als Schwäche auslegen. Außerdem wollte er wissen, was los war. Geduld war nicht seine Stärke.

»Ja, das habe ich.«

Schweigen. Robin kam das Ganze ein bisschen vor wie ein Machtspiel. Reusenberg war ein erfolgreicher Manager und wahrscheinlich ein schlechter Verlierer. Und verloren hatte er ein ganz ordentliches Sümmchen, auch wenn es für ihn vermutlich nur die viel zitierten »Peanuts« waren. Wahrscheinlich wurmte ihn die Niederlage und er wollte sich bei ihm rächen.

Robins gute Laune schwand. Da konnte auch der Anblick der exotischen Pflanzen in Harmonie mit den illuminierten Wasserspielen nichts ändern. Mit seiner inneren Harmonie war es vorbei. »Gibt es ein Problem?« Hielt er schließlich die Stille nicht mehr aus.

»Nein. Im Gegenteil.« Wieder machte Reusenberg eine Pause.

Diesmal kam Robins Erwiderung wie aus der Pistole geschossen: »Aha! Und was wollen Sie dann?«

»Ich möchte Ihnen ein Geschäft vorschlagen.«

*

»Du hast ja so gute Laune. Gibt es etwas, das ich wissen sollte?« Mira sah ihren Freund misstrauisch über den Pizzakarton hinweg an.

»Nichts Besonderes«, behauptete Robin. »Ich freue mich einfach, dass wir bald wieder einen kleinen Zusatzverdienst haben. Und dass *ich* dieses Mal dafür sorgen kann.« Er blickte Mira treuherzig an. »In letzter Zeit musstest ja meistens du ran, aber geile alte Säcke gibt es halt mehr als scharfe alte Weiber.« Er schenkte sich Cola nach.

Mira enthielt sich jeglichen Kommentars, aber sie glaubte ihm kein Wort. Dafür kannte sie Robin einfach zu gut. Es war zwar seine Idee gewesen, die Kurgäste mit kompromittierenden Fotos zu erpressen, doch bisher hatte er kein Problem damit gehabt, dass dabei meistens ihr die Rolle des Lockvogels zufiel. Sein

Sinneswandel musste also eine andere Ursache haben. Na, sie würde dem Ganzen schon noch auf den Grund kommen.

*

Zufrieden verzehrte Robin das letzte Stück Pizza. Heute wäre er mit Kochen dran gewesen, aber er hatte wie so oft keine Lust dazu gehabt, weshalb er den Lieferservice bemüht hatte. Mira war es egal, solange er aus seiner Tasche bezahlte, was auf den Tisch kam. Er grinste. Und ihm war es heute auch egal, denn bald wäre er alle finanziellen Sorgen los.

Reusenberg hatte ihm tatsächlich einen Deal angeboten. Als er Robin gefragt hatte, ob er gerne lese, dachte er noch, der wolle ihn verarschen. »Kommt drauf an«, hatte er deshalb nur knapp geantwortet.

»›Fifty Shades of Grey‹, kennen Sie das? Inzwischen gibt es ja auch einen Film davon, wenn ich mich recht erinnere.«

Dieser blöde Lackaffe, ärgerte sich Robin immer noch über den Nachsatz des Unternehmers. Nur weil er im Jahr vermutlich ein Zehntel von Reusenbergs Monatsumsatz verdiente, hieß das nicht, dass er kulturell unterbelichtet war und Bücher nur kannte, wenn sie verfilmt worden waren. »Das ist zwar nicht ganz mein Genre«, hatte er deshalb leicht verschnupft zurückgegeben, »aber selbst mir ist nicht unbekannt, worum es da geht.«

»Na, dann ist ja gut«, hatte Reusenberg erwidert, die feindseligen Zwischentöne überhörend. »Denn meine Frau ist ein großer Fan der Reihe.«

Robin war gehörig erschrocken. Wie kam der jetzt auf seine Frau? Konnte er Gedanken lesen? Oder hatte Mira womöglich …

»Wahrscheinlich wundern Sie sich, was meine Frau damit zu tun hat«, hatte er Reusenbergs Stimme aus dem Mobiltelefon sagen hören.

»Allerdings«, hatte er gekrächzt. Sein Herz hatte aufgeregt geklopft.

Und dann war das Angebot gekommen. Robin hatte nach Luft geschnappt und die Frequenz seines Herzschlags hatte sich noch weiter erhöht, als er die Summe erfuhr, um die es ging. Die paar erklärenden Worte des Geschäftsmannes waren wie aus weiter Entfernung an sein Ohr gedrungen: »Das Geld hat meine Frau in die Ehe gebracht und ihr Vater bestand seinerzeit auf einen Ehevertrag. Bei einer Scheidung gehe ich so gut wie leer aus.«

Robin hatte die Luft angehalten. Wenn der Typ jetzt von ihm verlangte, dass er ihr Gift ins Essen mischen oder ihr eine tödliche Injektion von irgendwas verabreichen sollte, wäre er raus. Obwohl die Summe, die er genannt hatte, in der Tat gigantisch war.

Noch bevor Robin seine Bedenken hatte äußern können, sprach Reusenberg weiter: »Wenn ich allerdings ein paar nette Erinnerungsfotos von ihr hätte. Mit Handschellen, einem Knebel und sonst weiter nichts am Leib – damit könnte ich die anderen Frauen aus ihrem Wohltätigkeitsverein sicher beeindrucken. Und mein Schwiegervater ist inzwischen sehr alt und hat ein schwaches Herz.«

»Sie meinen ...«

»Nehmen Sie sie hart ran. Sie steht auf solche Sado-Maso-Sachen. Deswegen läuft bei uns auch schon lange nichts mehr. Das ist mit ein Grund, weshalb ich dem Charme ihrer reizenden Kollegin nicht widerstehen konnte.«

»Mir kommen die Tränen«, war es Robin herausgerutscht und tatsächlich waren die ihm in den Augen gestanden, als er überlegt hatte, was er mit dem versprochenen Geld alles würde tun können. Ideen hatte er reichlich. Und Träume – in denen allerdings Mira nicht vorkam, wie er sich plötzlich eingestand.

»Dass Sie gute Fotos machen, habe ich ja bereits erfahren dürfen«, hatte Reusenberg seine Gedankengänge unterbrochen. »Und mit denen habe ich dann die passenden Argumente, dass meine Frau einer Scheidung inklusive großzügiger Abfindung zustimmt. Sie bekommen zehn Prozent Anzahlung, den Rest nach der Trennung.«

Zehn Prozent waren schon ein ganzer Batzen. Wenn das Geld auf sein Konto einginge, würde Mira Fragen stellen. »In bar!«, verlangte er deshalb.

»Wenn Ihnen das lieber ist.«

Der Rest war schnell geklärt. Das Handy würde er direkt nach der Übergabe der Anzahlung austauschen und dann keinen Kontakt mehr mit Reusenberg aufnehmen.

»Hallo, Erde an Robin. Ich habe gefragt, ob du noch einen Schokopudding möchtest?«

*

»Und, hat er angebissen?«

»Was denkst denn du! Ich kann sehr überzeugend sein.«

Mira räusperte sich. An Selbstbewusstsein mangelte es Marc Reusenberg nicht. In diesem Punkt war er Robin ähnlich. Auch der war sehr von sich überzeugt. Ansonsten spielte Marc allerdings in einer ganz anderen Liga als Robin. Er hatte Macht und Geld, beides reichlich. Eine Mischung, die Mira anzog. Abgesehen davon war er auch von seiner äußeren Erscheinung her trotz seines Alters noch sehr attraktiv. Seit seinem Herzinfarkt, in dessen Folge er in Bad Mergentheim gekurt hatte, hielt er sich körperlich fit und beschäftigte einen Personal Trainer. Sein Haar war nach wie vor üppig und die paar Falten, die er hatte, standen ihm ausgezeichnet zu Gesicht. Seine maßgeschneiderte Garderobe tat ihr Übriges, dass man sich gut mit ihm sehen lassen konnte. Und genau das hatte Mira vor. Sobald sie seine Alte los wären, würde *sie* die Frau an seiner Seite werden.

Dabei war ihr gemeinsamer Plan nicht die Scheidung. Nein, sie verfolgten ein anderes, ein teuflisches

Ziel. Immerhin würde Johanna Reusenberg, ebenso wie ihr Gatte vor Kurzem, in Bad Mergentheim ihren Herzinfarkt auskurieren. Johanna hatte es dabei noch heftiger erwischt als ihren Mann. Sie war dem Tod nur knapp von der Schippe gesprungen. Seither hielt sie sich streng an die ärztlich verordnete Diät, versuchte, sich mit Sport wieder fit zu bekommen, und verzichtete auf Alkohol, Zigaretten und, nicht ganz freiwillig, auch auf Sex. Letzteres war natürlich nicht auf einen Appell ihres Mediziners zurückzuführen, sondern auf die diesbezügliche Weigerung ihres Ehemanns, der behauptete, seit seinem eigenen Infarkt kein körperliches Bedürfnis mehr danach zu verspüren.

»Die würde beinahe alles nehmen, was nicht bei drei auf den Bäumen ist«, hatte Marc Mira anvertraut.

Somit war der Weg für Robin geebnet. Was der natürlich nicht ahnen konnte, ebenso wenig wie die Tatsache, dass die angebliche sadomasochistische Neigung seines Opfers eine Lüge war.

Was Robin darüber hinaus nicht wusste, war, dass Mira, gleich nach Johannas Antrittsuntersuchung in der Kurklinik ihre Tabletten gegen ein wirkungsloses Placebo auszutauschen und somit das Risiko eines neuerlichen Herzinfarkts weiter zu steigern gedachte.

*

Und so kam es. Bereits kurz nach ihrer Ankunft in Bad Mergentheim biss Frau Reusenberg an. Robin führte das

Interesse der Unternehmersgattin einzig und allein auf seinen unwiderstehlichen Sexappeal zurück. In puncto Selbstbewusstsein stand er seinem designierten Nachfolger in der Tat in nichts nach.

Innerhalb kürzester Zeit, so berichtete er seiner Freundin, war alles für ein gemeinsames Schäferstündchen zwischen ihm und Johanna Reusenberg vorbereitet.

»Meine Güte, ist die scharf auf mich«, gab er Mira gegenüber unverblümt zu. »Und die hat vielleicht ein Temperament, lange kann ich sie nicht mehr hinhalten.«

Mira versuchte, ihn zu bremsen. Je länger Johanna ihre Medizin nicht bekam, desto größer waren die Chancen, das Ziel – den Exitus – zu erreichen. »Lass sie noch ein paar Tage zappeln. Wenigstens bis Sonntagabend. Am Wochenende kommt ihr Mann zu Besuch und wenn der weg ist, dann ist sie reif.«

Und am Montag, so dachte sie, ist außerdem die nächste Blutabnahme bei der Dame fällig. Davor mussten sie unbedingt zur Tat schreiten.

*

Sie trafen sich sonntagabends »zufällig« im Kurpark.

Auf dem Weg zu seinem Wagen, den er in der Nähe des Schlosses abgestellt hatte, lief Mira Marc Reusenberg in die Arme und begleitete ihn spontan ein paar Meter.

»Sie hatte es ganz schön eilig, mich loszuwerden«, raunte der Unternehmer der jungen Frau zu, während sie Seite an Seite die Fußgängerbrücke überquerten, die den Schlosshof mit dem Kurpark verband.

Mira schmunzelte. »Robin kann sehr überzeugend sein. Inzwischen müsste er bei ihr sein und, glaub mir, er wird alles geben.«

»Nun, du darfst dann gerne den trauernden Witwer trösten.« Sie näherten sich dem Parkhaus hinter dem Schloss. Reusenberg zog bereits seinen Autoschlüssel hervor.

»Ich kann es kaum erwarten.« Wie zufällig berührte sie seinen Arm.

*

»Einen Gin Tonic, bitte«, orderte Robin und schob sein leeres Glas über den Tresen auf den Barkeeper zu. Den zuvor bestellten Champagner hatte er – wenn auch allein – quasi aus Traditionsgründen getrunken, doch heute war es das letzte Mal gewesen. Ab sofort würde alles anders werden.

Heute war der erste Tag seines neuen Lebens. Eines Lebens mit Geld und ohne Mira.

»Schreiben Sie es auf die Hotelrechnung.« Er zeigte dem Barkeeper die Chipkarte seines Zimmers im Parkhotel, seiner Suite, um genau zu sein. Morgen würde er sich nach einer neuen Wohnung für sich allein umschauen. Hier in der Nähe, denn er liebte Bad Mergentheim und das Taubertal und er würde es nicht verlassen, auch nicht auf die Gefahr hin, dass er Mira ab und zu über den Weg laufen würde. Er sah auf sein stumm geschaltetes Handy. Sie hatte es wohl aufgegeben, ihn zu erreichen. Nach insgesamt 17 Versuchen war seit einer knappen Stunde kein weiterer Anruf von ihr eingegangen. Er legte das Mobiltelefon wieder weg. Er würde sie morgen zurückrufen. Das wäre noch früh genug für sie, um zu erfahren, dass ihr Plan nicht aufgegangen war. Oder war es der Plan ihres Liebhabers gewesen?

»Fifty Shades of Grey«. Dass er nicht lachte! Da hatte der gute Reusenberg ein bisschen dick aufgetragen. So etwas hatte Johanna, seine Frau, wirklich nicht verdient. Reusenbergs zukünftige Ex-Frau, verbesserte Robin sich selbst in Gedanken. Sie hatte sich die Information über die Pläne ihres Mannes ein stattliches Sümmchen kosten lassen. »Seine Anzahlung kannst du behalten«, hatte sie großzügig gemeint und auf das Nummernkonto in der Schweiz, das sie für Robin eingerichtet hatte, gleich das Doppelte von Reusenbergs ursprünglichem Angebot überwiesen. »Das sollte für ein sorgenfreies Leben reichen«, hatte sie erklärt und nachdenklich die schönen Fotos von Mira und ihrem Noch-Gatten betrachtet. »Und die«, war ihr vergnügtes Fazit, »verhelfen mir zu einer überaus günstigen Scheidung.«

Dass Robin schließlich doch noch, ganz ohne Sado-Maso-Spielchen, mit ihr geschlafen hatte, war sein persönlicher Bonus an sie gewesen und es hatte ihm sogar Spaß gemacht.

10 – KLASSENTREFFEN
(MARKELSHEIM;
WEINLAUBEN RESTAURANT SCHURK)

»Anne, grüß dich. Wie schön, dass du es doch noch geschafft hast.« Karla Frei-Eberle, geborene Frei, begrüßte ihre ehemalige Klassenkameradin überschwänglich. Eilig winkte sie dann einer der Kellnerinnen, die mit Tabletts durch die größer werdende Gruppe umhergingen und Begrüßungsgetränke anboten.

»Sektchen?«, fragte sie Anne Hierowitz und drückte ihr direkt ein Glas in die Hand.

Anne ließ den Blick durch die idyllische Weinlaube des Restaurant Schurk in dem bekannten Wein- und staatlich anerkannten Erholungsort Markelsheim im Taubertal schweifen. Knapp 20 Personen waren bereits anwesend. Die meisten von ihnen trugen Wanderkleidung, hatten also vermutlich an der zuvor stattgefundenen Ortsführung und Weinwanderung teilgenommen, die Karla als Eröffnungsevent des Klassentreffens mit dem lokalen Tourismusverein zusammen organisiert hatte.

»Am Telefon klangst du ziemlich gestresst. Wie geht es dir? Was machst du so?«, wollte die einstige Klassensprecherin nun von Anne wissen.

»Ach, es geht. Ich arbeite in der Computerbranche«, blieb sie vage.

»Was? Du? Mathe und diese logischen Sachen waren doch früher gar nicht dein Ding.« Wie schon zu Schulzeiten war Karla immer noch ziemlich direkt.

Fehlt bloß, dass sie mich an die katastrophalen Abi-Vorbereitungskurse erinnert, dachte Anne.

Wie aufs Stichwort begann Karla: »Damals im Abi-Vorbereitungskurs …«

»Oh, ist das nicht der Aberholz?«, fiel Anne ihrer »alten« Schulkameradin ins Wort. Gleich darauf biss sie sich auf die Unterlippe. Das war nicht gerade schlau von mir, ausgerechnet mit *dem* abzulenken, schoss es ihr in den Sinn.

Aber da war es schon raus. Es erstaunte sie allerdings in der Tat, dass der frühere Mathelehrer sich hierher getraut hatte. Nach allem, was passiert war.

»Ja, das hat mich auch überrascht«, pflichtete Karla ihr bei. »Aber irgendwann muss man die Vergangenheit vielleicht einfach ruhen lassen. Du hast doch hoffentlich kein Problem damit, dass er da ist?«

Um nicht direkt antworten zu müssen, trank Anne hastig ihr Sektglas leer. Sie hatte durchaus ein Problem, Erich Aberholz zu treffen. Es war allerdings nicht so, wie Karla und die meisten anderen hier dachten. Sie hatte den Mathelehrer, mit dem sie nicht erst bei der Abi-Vorbereitung so ihre Schwierigkeiten gehabt hatte, seinerzeit wegen sexueller Belästigung angezeigt. Als man bei den Ermittlungen damals außerdem pornografisches Material auf seinem Arbeitsrechner gefunden hatte, war Erich Aberholz vom Dienst suspendiert und nach Anklage und Gerichtsverhandlung zu zwei Jahren auf Bewährung verurteilt worden. Bis zuletzt hatte er geleugnet, etwas mit den Vorwürfen gegen ihn zu tun zu haben. Er hatte behauptet, Opfer eines Komplotts geworden zu sein. Dass er beharrlich alles abgestritten hatte, war einer der Gründe, weshalb Anne leider immer wieder befragt worden war. Allein der Gedanke daran verursachte ihr Magenschmerzen.

Endlich, nach vielen für sie peinlichen Gesprächen mit der Polizei, war Aberholz kurz vor den schriftlichen Abiturprüfungen von der Schule schließlich aus der Stadt und damit aus ihrem Leben verschwunden. Das Abi hatte Anne dann mehr schlecht als recht geschafft, aber danach fragte heute keiner mehr. Genauso wenig wie *sie* nach Aberholz fragte. Sie hatte sich verboten, zu recherchieren, was aus dem ehemaligen Lehrer geworden war. Nach und nach hatte sie die Erinnerung an ihn und an alles, was geschehen und vor allem, was nicht geschehen war, in die hinterste Ecke ihres Gedächtnisses verbannt.

»Hey, Anne! Hörst du mir überhaupt zu?«, brachte Karla sie in die Realität zurück. »Ich hab dich gefragt, ob du verheiratet bist?«

Anne schüttelte nur den Kopf und pflückte sich ein weiteres Sektglas von einem der Tabletts. »Und du?«, erkundigte sie sich dann schnell, um weiteren Nachfragen aus dem Weg zu gehen.

Die Frage war überflüssig, schließlich führte Karla einen Doppelnamen und erzählte jedem, der es wissen oder auch nicht wissen wollte, dass ihr Mann *der* Eberle war, Begründer der berühmten Eberle-Stiftung und prominenter Bürger der Stadt Bad Mergentheim. Sie hatte das bereits bei dem kurzen Telefonat der beiden im Vorfeld des Treffens erwähnt. Da hatte Anne sie lediglich über ihr mögliches Kommen unterrichten wollen. Wie zu erwarten, reagierte Karla jetzt trotzdem mit einem ausführlichen Bericht ihrer und der Vita ihres Mannes. Ach ja, und zwei wohlgeratene Söhne hatten sie natürlich auch noch …

Anne gab gelegentlich ein beeindrucktes »Ach, tatsächlich« von sich, nippte an ihrem Sektglas und ließ wieder den Blick schweifen.

Um sie herum füllte sich die 90 Jahre alte Laube in Markelsheims Ortsmitte mit ihrem Dach aus Trauben und Blättern. Erstaunlich, wie viele ehemalige Schüler der Einladung zur 20-jährigen Abiturfeier gefolgt waren. Einige von ihnen erkannte Anne kaum wieder, andere hatten sich fast gar nicht verändert. Ein paar der Ehemaligen wiederum waren inzwischen Personen des öffentlichen Lebens, sodass ihre Gesichter keine Überraschung waren. Auch Jakob gehörte zu dieser Gruppe. Der Freund von damals hatte eine erfolgreiche Unternehmensberatung gegründet und damit viele Arbeitsplätze in der Region geschaffen. Seit Neuestem engagierte er sich außerdem in der Lokalpolitik. Kaum ein Tag verging, an dem sein Konterfei nicht in der hiesigen oder sogar der überregionalen Presse zu sehen war. Anne hatte ihn gleich bei ihrer Ankunft entdeckt. Wie schon früher stand er inmitten einer Gruppe von Bewunderern und hielt Hof.

Karla hatte sich zwischenzeitlich erschöpfend über den gewonnenen Vorlesewettbewerb ihres Jüngsten geäußert. Jetzt sah sie auf ihre Armbanduhr. »Ich glaube, es wird langsam Zeit«, verkündete sie und verschaffte sich Gehör, indem sie mehrmals mit ihrem, wie Anne fand, protzigen Ehering gegen einen Sektkelch klimperte.

»Hallo, liebe Ehemalige. Ein Teil von uns hat ja bereits einer interessanten Wanderung durch die Weinberge der Umgebung und einer nicht weniger unterhaltsamen Führung durch Markelsheim beigewohnt. Den Rest möchte ich jetzt ebenfalls begrüßen und euch gleich sagen: Da habt ihr was verpasst.« Sie hob die Hand, um dem einsetzenden Gemurmel Einhalt zu gebieten. »Aber keine Angst, unser Klassentreffen hat ja erst angefangen und ich bin überzeugt, es wartet noch ein spannender Abend auf uns!«

*

Ein spannender Abend. Zumindest auf Anne traf das zu, denn ihre innere Anspannung ließ nicht nach. Dagegen konnte auch das köstliche Menü nichts ausrichten. Zum Glück war es ihr bisher gelungen, Aberholz aus dem Weg zu gehen. Zum Essen schaffte sie es, sich an einem

Tisch weit weg von ihm zu platzieren, doch sie spürte immer wieder seine Blicke.

Zum Einstieg wurde ihnen der berühmte Schurken-Salat serviert: Blattsalate mit Steinpilz-Champignons, Brotwürfeln und, für die Nicht-Vegetarier, angeröstetem Speck. Danach gab es Serviettenknödel mit Rahmsoße oder Putenschnitzel mit Kräuterkruste für die Fleischesser.

Zwischen Hauptgang und Nachspeise wurden einige Reden geschwungen. Natürlich konnte auch Jakob es nicht lassen, sich zu Wort zu melden. Man merkte, dass er in der Politik tätig war, denn was er zum Besten gab, klang wie eine Wahlrede. Auf die Schulzeit ging er glücklicherweise nur kurz und mit allgemeinen Worten ein. Anne beschloss, nach dem Nachtisch – einem Ananascarpaccio mit hausgemachtem Kokossorbet – von hier zu verschwinden. Es war eine Schnapsidee gewesen, überhaupt herzukommen. Während also alle einen Digestif bestellten, bestellte sie sich ein Taxi.

✳

Der Mann in der schwarzen Robe zeigte mit dem Finger auf Anne. »Du hast gelogen!«, donnerte er. »Das sollst du büßen!«

Eine etwas abseitsstehende Gestalt löste sich aus dem Schatten. Anne erkannte ihren ehemaligen Mathelehrer Erich Aberholz. »Was zu beweisen war«, murmelte er, um gleich darauf mit lauter Stimme von ihr zu fordern: »Auf die Knie!«

Anne zitterte und versuchte sich mit wackligen Beinen vor ihm niederzulassen. Dabei begann sich alles um sie herum zu drehen. Sie hörte ihren Schulfreund Jakob aus weiter Ferne rufen: »Halt bloß die Schnauze!« Der Boden unter ihr gab nach. Immer weiter sank sie in die Tiefe.

»Halt die Schnauze!«, wiederholte Jakob, der nun näherzukommen schien. Anne konnte ihn nicht sehen, wie sie inzwischen keine der anwesenden Personen noch erkennen konnte. Alles verschwamm vor ihren Augen, während sie unaufhörlich tiefer stürzte.

Erschrocken fuhr sie hoch. Sie saß in ihrem Bett, ihr Herz pochte bis zum Hals. Schweiß rann ihr am Körper herunter. Sie hatte schlecht geträumt.

Dieses verdammte Klassentreffen! Wäre sie bloß nie hingegangen!

Sie stand auf und torkelte mit wackligen Beinen in die Küche, wo sie sich ein Glas Wasser einschenkte und den Kaffeevollautomaten in Gang setzte. Sie ließ sich auf einem der Stühle nieder, trank und versuchte die Gedanken an den Traum und an den vergangenen Abend zu verdrängen, als es an der Tür klingelte. Ein Blick auf den Radiowecker auf dem Küchentisch zeigte 9 Uhr und sieben Minuten. Wer störte zu dieser, für einen Sonntagmorgen frühen Stunde? Doch hoffentlich keiner ihrer ehemaligen Klassenkameraden. Oder womöglich der Aberholz! Aber wusste der überhaupt, wo sie wohnte? Vage erinnerte sie sich, dass der frühere Mathelehrer sie gestern Abend vor der Tür der Weinstube abgepasst hatte, während sie auf ihr Taxi wartete. Er hatte sie zur Rede gestellt und sie hatte ihm ein paar Informationsbrocken hingeworfen, bevor endlich der Wagen des Taxiunternehmens aufgekreuzt war. Aberholz hatte versucht, sie am Einsteigen zu hindern. Hatte sie am Arm festgehalten, aber sie hatte sich losgerissen und ihn zurückgestoßen. Hastig hatte sie die Autotür geschlossen und dem Fahrer bedeutet, zügig loszufahren.

Es klingelte ein weiteres Mal.

»Ich komm ja schon.« Anne war bereits auf dem Weg zur Haustür.

Erneutes Klingeln. Da war jemand ungeduldig. Trotzdem sah sie erst durch den Türspion, bevor sie öffnete. Sie erkannte zwei uniformierte Polizisten und eine Frau mittleren Alters in Zivil. Was wollten *die* denn von ihr?

*

»Erschlagen?« Anne konnte es immer noch nicht glauben.

Wieder saß sie an ihrem Küchentisch. Die Frau, die sich als Hauptkommissarin Kerstin Franke vorgestellt hatte, hatte ihr gegenüber Platz genommen. Die beiden Männer in Uniform lehnten an der Küchenzeile und ließen die zwei Frauen nicht aus den Augen.

Frau Franke hatte Anne gerade darüber informiert, dass ihr ehemaliger Mathelehrer Erich Aberholz in der vergangenen Nacht tot aufgefunden worden war. Erschlagen von einem Pflasterstein, nur ein paar Meter vom Eingang des Weinlauben Restaurants Schurk entfernt und wie es schien, kurz nachdem Anne ihn an genau jener Stelle zurückgelassen hatte.

»Da hat er aber noch gelebt!«, beteuerte sie. Konnte es etwa sein, dass sie ihn derart unglücklich gestoßen hatte, dass er gefallen und mit dem Kopf auf dem Stein aufgekommen war? Erneut begann Anne heftig zu schwitzen, dabei hatte sie noch gar nicht die Gelegenheit gehabt, ein Heißgetränk zu sich zu nehmen. »Kaffee?«, bot sie deshalb an.

Alle drei Besucher lehnten ab. Sie selber wandte sich dem inzwischen nur noch lauwarmen Espresso zu, den sie sich vorher aus der Maschine gelassen hatte.

»Frau Hierowitz, wir haben herausgefunden, dass Sie Herrn Aberholz vor 20 Jahren angezeigt haben. Ihre Schulfreunde haben das im Übrigen ebenfalls erwähnt«, erklärte die Hauptkommissarin. »Und wir wissen auch, dass Sie gestern Abend mit Herrn Aberholz aneinandergeraten sind, als sie gehen wollten.«

Hatte sie da jemand beobachtet? Gut, möglich war das. Immerhin waren fast 50 Leute zum Abitreffen gekommen. Da konnte es durchaus sein, dass jemand zum Rauchen draußen gewesen war oder einfach hatte allein sein wollen und deshalb ein paar Schritte die Straße entlanggegangen war.

Vielleicht war ihr auch jemand gezielt gefolgt. Aberholz hatte das offensichtlich getan – und möglicherweise noch eine weitere Person, die wissen wollte, was sie und der Mathelehrer draußen vorhatten? Zum Beispiel Jakob. Wo war er eigentlich gewesen, als sie die Weinlaube verlassen hatte?

»Herr Aberholz hat mich tatsächlich angesprochen«, antwortete Anne und fuhr auf eine auffordernde Geste der Kommissarin hin fort: »Er wollte über *damals* reden.« Sie malte mit den Fingern Anführungszeichen in die Luft. »Ich aber nicht. Dann kam zum Glück mein Taxi. Ich bin eingestiegen und wir sind sofort losgefahren.«

»Der Fahrer sagt, sie haben Herrn Aberholz weggestoßen«, ließ sich einer der beiden Uniformierten vernehmen.

Mit dem hatten sie also auch schon gesprochen. Wahrscheinlich hatte ihnen die Bedienung aus der Weinstube Schurk verraten, dass sie ein Taxi für Anne gerufen hatte. Sie seufzte. »Ja«, gab sie zu. »Er wollte mich am Arm festhalten. Da habe ich ihn weggeschubst.« Sie richtete ihren Blick auf die leere Espressotasse vor sich. »Ist er … ist er gefallen?«, fragte sie leise in Richtung der Tischplatte.

»Scheint so.«

»Hat er … Ich meine, ist er dadurch …?« Verzweifelt sah Anne auf. »Also, wenn, dann war es keine Absicht. Ein Unfall! Es war ein Unfall, das müssen Sie mir glauben!«

»Das wird die Obduktion hoffentlich zeigen«, gab Frau Franke zurück. »Wenn Sie morgen Vormittag um elf zu uns kommen könnten, um ihre Aussage zu unterschreiben. Und vielleicht ist es besser, Sie besorgen sich einen Anwalt.«

*

Das Wochenende war gelaufen. Die Verabredung mit ihrer Freundin, die einen Ausflug in den Wildpark bei Bad Mergentheim vorgeschlagen hatte, sagte Anne ab.

»Och, komm. Die Wölfe dort sollen gerade Nachwuchs haben«, versuchte die Freundin sie zu überreden. Sie wusste, dass Anne Wölfe liebte und im Tierpark hatte man die Möglichkeit, das größte Rudel Europas beinahe hautnah zu erleben. Doch heute konnte sie die Aussicht, quasi mit den Wölfen zu heulen, nicht locken. Zumal ihre Freundin sich von ihr außerdem Hilfe bei der Betreuung ihrer beiden aufgeweckten Sprösslinge erhoffte. Bei ihren gemeinsamen Besuchen des Wildparks in den letzten Wochen hatten sie einen Großteil der Zeit mit den Kleinen im dortigen Streichelzoo, in der Koboldburg oder dem Höhlenlabyrinth verbracht. Normalerweise hatte Anne genauso viel Spaß an derartigen Aktivitäten wie die Kinder, aber heute wollte sie lieber alleine sein.

*

Den ganzen Tag grübelte sie über das gestrige Klassentreffen nach. Sie versuchte, sich die geführten Gespräche und vor allem die Abschiedsszene ins Gedächtnis zu rufen. War da jemand gewesen? Vielleicht ja tatsächlich Jakob, der verhindern wollte, dass sie Aberholz etwas verraten könnte?

Schließlich hielt sie es nicht mehr aus und rief bei ihm an. Sie erreichte nur seine Mailbox, auf der sie keine Nachricht hinterließ.

Anschließend wanderte sie unentschlossen durchs Haus. Ob sie es bei Karla versuchen sollte? Vielleicht wusste die mehr! Jemand anders fiel ihr nicht ein. Sie hatte nach dem Abitur den Kontakt zu sämtlichen ehemaligen Mitschülern wie auch Lehrern ganz abgebrochen. Sie hatte einen Schlussstrich unter das Geschehene ziehen wollen, war zum Studium nach Berlin gegangen und beinahe 18 Jahre dort geblieben. Dem 10-Jährigen Abitreffen war sie konsequenterweise ferngeblieben. Zu der Zeit war sie gerade zusammen mit ihrem damaligen Freund in eine schicke gemeinsame Wohnung in Charlottenburg gezogen und hatte keine Lust gehabt, Gedanken an ihre Schulzeit zu verschwenden.

Vor gut zwei Jahren dann ging ihre Beziehung in die Brüche und Anne saß plötzlich allein in der viel zu teuren Wohnung. Da kam ihr das Jobangebot eines Softwareentwicklungsunternehmens aus Weikersheim gerade recht. Sie kehrte in ihre Geburtsregion, das schöne Taubertal zurück. Den Freunden aus ihrem einstigen schulischen Umfeld war sie allerdings weiterhin aus dem Weg gegangen. Was hatte sie also bloß geritten, ausgerechnet die Einladung zum Treffen anlässlich des 20-jährigen Abiturs wahrzunehmen?

Ihr Telefon klingelte. Jakob. Sie erkannte die Nummer. Aufgeregt nahm sie das Gespräch an. »Hallo?!«

»Anne? Ich bin's, Jakob. Du hattest versucht, mich zu erreichen?«

»Ja.« Plötzlich wusste sie nicht mehr so recht, was sie ihn hatte fragen wollen. Sie schwieg. »Die Polizei war bei mir«, teilte sie ihm endlich mit.

»Bei mir auch«, nahm er den Ball auf. »Was hast du ihnen gesagt?«

»Was soll ich schon gesagt haben? Warst du gestern in der Nähe, als …« Wieder fehlten ihr die Worte.

Er wusste trotzdem, worauf sie hinauswollte. »Als er gestorben ist? Ja.«

»Hast du etwas gesehen? Ich meine, ich …«

»Du hast ihn weggestoßen und er ist gestürzt.«

Annes Herz raste. Jakob hatte sie gesehen. War sie für Aberholz' Tod verantwortlich? »Bist du zu ihm gegangen? War er gleich …«

»Tot!«, vervollständigte Jakob ein weiteres Mal. »Ja. Soweit ich das erkennen konnte. Ich bin kein Arzt.«

»Das wollte ich nicht!«, rief Anne verzweifelt. »Er hat mich zur Rede gestellt. Nach 20 Jahren! Er hat gesagt, er wisse, dass ich damals gelogen habe. Und er hatte *dich* im Verdacht, ihm dieses Porno-Material untergeschoben zu haben. Er meinte, wir seien damals schließlich ganz dicke miteinander gewesen und standen beide in Mathe auf der Kippe.« Sie schluchzte auf. »Er sagte, mir allein traue er das nicht zu. Da …« Sie brach ab.

Jakobs Schweigen war beredt.

»Es war keine Absicht. Ich wollte ihm wirklich nichts tun. Ich wollte nur weg!«, verteidigte sie ihr Handeln. »Ehrlich, ich hab ihn auch bloß ein bisschen geschubst. Das hast du doch sicher gesehen?«

Immer noch kam keine Erwiderung von seiner Seite. Eine Weile herrschte Stille in der Leitung. »Du musst das der Polizei sagen!«, stieß Anne heftig hervor.

Jakob antwortete leise, beinahe bedächtig. »Keine Angst. Dir kann nichts passieren.«

Das sollte sie wohl beruhigen, bewirkte aber das Gegenteil. Zitternd sog Anne die Luft ein.

»Du musst bloß weiter den Mund halten«, verlangte Jakob eine Nuance lauter.

»Was heißt, mir kann nichts passieren?«, schrie Anne daraufhin verzweifelt. »Ich stehe unter Mordverdacht!«

»Beruhige dich doch! Das war ein Unfall.«

»Warum bezeugst du das dann nicht?«

»Ich kann es mir im Moment einfach nicht leisten, mit so einer Sache in Verbindung gebracht zu werden.«

Anne glaubte nicht, was sie da hörte. »Wenn *du* nicht sagst, was du gesehen hast, dann sage *ich* es ihnen«, stieß sie hervor. »Du hast Zeit bis morgen. Um elf habe ich einen Termin bei der Polizei.«

*

Auch in dieser Nacht wurde sie von Albträumen geplagt. Entsprechend gerädert stand sie schließlich am Montagmorgen auf und meldete sich als Erstes bei ihrem Arbeitgeber krank. Danach tigerte sie unruhig durch die Wohnung, unfähig, sich für den Tag fertigzumachen oder gar zu frühstücken.

Als es gegen 9 Uhr an der Tür klingelte, trug sie noch immer ihr Nachthemd und hatte noch nichts gegessen. Schwerfällig schlurfte sie zum Eingang. Im Haus war es inzwischen ruhig, die anderen Bewohner waren alle auf der Arbeit oder im Sommerurlaub.

Durch den Türspion erkannte sie Jakob. Was wollte der denn von ihr? Sie vielleicht *doch* zu ihrem Termin bei der Polizei begleiten?

Sie öffnete und Jakob schob sie nach hinten in die Wohnung. Er drückte die Tür hinter sich ins Schloss, mit einem Gruß hielt er sich gar nicht erst auf.

»Was willst du?«, verzichtete auch Anne auf eine Begrüßung und trat einen weiteren Schritt zurück.

»Ich will *nicht*, dass mich jemand sieht«, gab Jakob zur Antwort.

»Du wirst schon trotzdem noch gewählt werden«, reagierte Anne sauer, ging aber trotzdem voran in die Küche und bot ihm einen Platz an. »Warum kommst du überhaupt hierher? Hast du schon eine Aussage bei der Polizei gemacht?«

»Nein. Das kommt noch. Hast du einen Schluck Wasser für mich?«

Anne holte ein Glas aus dem Schrank, füllte es mit

Leitungswasser und stellte es vor ihn auf den Tisch. »Willst du mitkommen, wenn ich nachher aufs Revier gehe?«, fragte sie.

Jakob betrachtete das Glas vor sich, ohne es anzurühren. Er schien nachzudenken. »Das ist der Plan.«

Anne setzte sich ihm gegenüber. »Und du willst, dass keiner das mitbekommt?«, schlussfolgerte sie stirnrunzelnd.

Diesmal nickte er. »Vielleicht solltest du dir erst mal was anziehen«, meinte er dann. »Danach können wir alles besprechen.«

*

Endlich war Anne im Bad verschwunden. Jakob sah auf die Uhr. Schnell streifte er sich die mitgebrachten Einmalhandschuhe über. Eigentlich war sein Vorhaben ein anderes gewesen, doch mit etwas Glück würde er Anne gar nicht mit der mitgebrachten Waffe bedrohen müssen, um sie zu zwingen, das Gift zu sich zu nehmen. Das Glas vor sich hatte er nicht angerührt und auch sonst hatte er in der Wohnung bisher kaum Fingerabdrücke hinterlassen. Die paar Stellen würde er nachher problemlos abwischen können. Er förderte das Fläschchen mit den morphinhaltigen Schmerztropfen zutage. Seine Großmutter hatte das Zeug während ihrer Krebstherapie verschrieben bekommen. Das war schon ein paar Jahre her und er hoffte, die Herkunft wäre nicht mehr nachvollziehbar. Auf die Schnelle war ihm nichts Besseres eingefallen. Hier in der Region war er bekannt wie ein bunter Hund, da war es ein Ding der Unmöglichkeit, sich Gift zu beschaffen, ohne dass jemand Fragen stellte. Und für eine anonyme Beschaffung hatte die Zeit nicht ausgereicht.

Er schnappte sich Annes Handy, das sie auf dem Tisch hatte liegen lassen. Zum Glück war es entsperrt. Sein eigenes hatte er wohlweislich zu Hause gelassen, wusste er doch, dass man anhand eines Mobiltelefons das Bewegungsprofil des Benutzers erstellen konnte. Außerdem wollte er nicht, dass die Polizei ihn über den Suchverlauf seines Smartphones drankriegen könnte, wenn er trotzdem in Verdacht geriet. Deswegen hatte er bisher so gut wie gar nicht recherchiert, was er nun auf Annes Telefon nachholte. Das Ganze hatte den für ihn positiven Nebeneffekt, dass man später an einen Suizid glauben würde, wenn Begriffe wie »Morphin« und »tödliche Dosis« in ihrem Suchverlauf gefunden würden. Hastig las er die vielen Einträge durch, die auf seine Eingabe hin angezeigt wurden. Hier stand: »fünf Milligramm pro Kilo Körpergewicht.«

»Anne!«, rief er ohne nachzudenken ins Badezimmer. »Was wiegst du eigentlich?« Vielleicht nicht das Klügste, sie direkt zu fragen, aber da war es schon raus.

Annes Kopf erschien in der Tür, er konnte gerade noch Fläschchen und Handy nebst seiner behandschuhten Hände unter dem Küchentisch verstecken.

»Wieso willst du das wissen?«, fragte sie mit verdutztem Gesichtsausdruck, antwortete dann aber direkt:

»57 Kilo.« Damit warf sie die Tür zu und man hörte kurz darauf die Dusche rauschen. Die Aussicht auf seine entlastende Aussage hatte ganz offensichtlich ihre Lebensgeister geweckt.

Jakob studierte den Text auf dem Fläschchen, um die Konzentration des Wirkstoffs zu ermitteln. Dann rechnete er fieberhaft.

*

Er hätte sich gar nicht so beeilen müssen. Anne brauchte eine Ewigkeit, um sich fertig zu machen. Er hörte sie erst im Flur und dann im Badezimmer rumoren. Schon früher war es ihre Art gewesen, unangenehme Dinge so lange wie möglich vor sich herzuschieben, immer wieder neue Tätigkeiten zu finden, die unbedingt zuvor noch erledigt werden mussten. Inzwischen war es fast 10 Uhr. Jakob überlegte gerade, wie er sie dazu bringen könnte, zu ihm in die Küche zu kommen, als sie endlich wieder eintrat.

»Du hast ja gar nichts getrunken«, meinte sie, auf das vermeintlich unberührte Glas vor ihm deutend.

Er brummte, wusste nicht, was er sagen sollte. Nachdem er entgegen seiner ursprünglichen Planung bisher ohne Waffengebrauch ausgekommen war, hatte er eigentlich vorgehabt, sie letztlich mit seiner Wortgewandtheit dazu zu bringen, das Wasser auszutrinken. Natürlich ohne ihr von der tödlichen Beimischung zu erzählen. Aber inzwischen lagen auch seine Nerven blank. Er zog also doch seine Waffe und zielte auf sie.

»Nein. Das habe ich für dich aufgehoben. Trink!«

Anne reagierte erstaunlicherweise gelassen. »Jakob! Leg die Waffe weg«, sagte sie laut. »Wenn es sein muss, trinke ich das Zeug. Aber ...«, sie stockte, »warum? Nur, damit ich der Polizei nicht verrate, dass du mich damals angestiftet hast, den Aberholz wegen sexueller Belästigung anzuzeigen?«

»Ach, jetzt tu mal nicht so unschuldig. Es war meine Idee, das stimmt. Aber sie hat dir doch gut gefallen. Und wenn wir ihn nicht abgesägt hätten, hätte er uns im letzten Halbjahr beiden null Punkte in Mathe reingehauen. Da wäre es dann so oder so vorbei gewesen mit dem Abi. Bloß weil er mich im Lehrerzimmer an seinem Computer erwischt hat.«

»Das hat ihm dann aber keiner mehr glauben wollen. Du warst schließlich *mein* Freund«, ergänzte Anne mit ruhiger und ungewöhnlich fester Stimme.

»Tja. Ich war vielleicht keine große Leuchte in Mathe, aber meine kriminelle Energie hat der Aberholz unterschätzt.« Jakob lachte hämisch. »Das hätte er nicht gedacht, dass ich wiederkomme und ihm die Pornos auf seinen Rechner speichere. Der war so von sich überzeugt, dass er nicht mal ein Passwort verwendet hat. Selber schuld!«

»Jakob!« Anne sah ihn eindringlich an. »Das ist zwar Scheiße, aber doch längst verjährt. Warum machst du dich deswegen unglücklich?«

»Ich? Schätzchen, ich habe mit der Sache gar nichts zu tun.« Er hob die Waffe an. »Du bist diejenige, die das alles eingefädelt hat. Du hast auch den Aberholz gestern umgebracht.«

»Hab ich nicht!«, fuhr sie ihm dazwischen. »Du warst es! Gib es zu!«

»Trink aus!«

»Erst wenn du mir sagst, wie das gestern Abend wirklich passiert ist.« Sie nahm das Glas, betrachtete es einen Moment nachdenklich und stellte es wieder zurück auf den Küchentisch.«

»Du sollst das austrinken oder möchtest du dir lieber selbst in den Kopf schießen?«

Anne griff nach dem Glas. »Du hast Aberholz erschlagen«, sagte sie dabei. »So heftig habe ich ihn nicht geschubst, das *kann* ich gar nicht gewesen sein.«

»Stimmt! Du bist ja doch nicht so dumm, wie ich dachte. Womöglich hättest du das Abi auch ohne Betrug geschafft. Schade nur, dass das jetzt niemand mehr erfahren wird.«

»Danke, das reicht! Lassen Sie die Waffe fallen!«, kam es von der Tür.

Plötzlich wimmelte es in der kleinen Küche von Polizeibeamten. Zwei von ihnen überwältigten Jakob und legten ihm Handschellen an.

»Du hast vergessen, die Waffe zu entsichern.« Anne betrachtete ihn mitleidig. »Du hast *mich* unterschätzt. Glaubst du wirklich, ich bin so blöd, dass ich keinen Verdacht geschöpft habe?« Sie griff nach ihrem Handy, das noch immer neben dem Glas auf dem Tisch lag. »Fragt mich nach meinem Gewicht, der Trottel!«, richtete sie das Wort an die ebenfalls anwesende Hauptkommissarin, dann wischte sie auf ihrem Smartphone herum.

Ein Polizist trat neben sie und blickte ihr über die Schulter. Jakob hatte nicht nur Begriffe wie »Morphin« und »tödliche Dosis« gegoogelt, er hatte danach die Taschenrechnerfunktion aufgerufen und offenbar versucht, die nötige Menge des zu verabreichenden Gifts zu ermitteln.

Der Beamte lachte und murmelte, als er die dafür angewandte Formal sah: »Mathe ist wohl nicht seine Stärke!«

11 – SCHNEEWITTCHEN,
DIE WAHRE GESCHICHTE
(WEIKERSHEIM; SCHLOSS)

Es dämmerte schon. Gero hatte sich in den hintersten Winkel des Weikersheimer Schlossgartens zurückgezogen und genoss die langsam einkehrende Stille. Die meisten Besucher strebten Richtung Ausgang, aber er selbst hatte es nicht eilig. Den ganzen Nachmittag über hatte er Fotos gemacht, die für einen Hochglanzprospekt des Tourismusverbands bestimmt waren.

Zunächst hatte er während einer kleinen Privatführung alles abgelichtet, was die Vertreterin der Schlossverwaltung ihm gezeigt hatte. Besonders der Rittersaal mit seiner opulenten Ausstattung hatte hier ein dankbares Motiv abgegeben. Gero konnte sich bildlich vorstellen, wie hier einst rauschende Feste gefeiert worden waren. Seine Schlossführerin hatte nicht nur dazu diverse Anekdoten auf Lager gehabt. So hatte er beispielsweise erfahren, wie man bei Hofe im Jahr 1740 auf »untertänigst« vorgeschlagene Sparmaßnahmen bei der Verpflegung reagierte oder welchen »Skandal« im Schloss ein Professor aus München aufdeckte, als er im 19. Jahrhundert das Taubertal durchwanderte.

Nach dem äußerst kurzweiligen Rundgang durch die Innenräume war er noch eine ganze Weile allein in der wunderschönen barocken Gartenanlage umhergestreift und hatte weitere Bilder aus allen möglichen Perspektiven geschossen. Beinahe 500 Objekte befanden sich jetzt auf seiner Speicherkarte. Er würde die Qual der Wahl haben, die Fotos für den Prospekt zu bestimmen.

Um sich diese etwas zu erleichtern und außerdem die passenden Worte für den zugehörigen Text zu finden, sog er nun die Atmosphäre in sich auf, die hier draußen herrschte, während sich die Besucherzeit dem Ende zuneigte. Es war mit der Verwaltung so abgestimmt, dass er noch bleiben durfte, er konnte sich also Zeit lassen. Wenn sämtliche Gäste aus dem Garten verschwunden wären, könnten ein paar letzte Bilder entstehen, so plante Gero. Ohne störende Menschen und im Licht der untergehenden Sonne. Das Wetter war perfekt dafür.

Gemächlich schlenderte er nun wieder in Richtung der prächtigen Schlossfassade aus der Renaissance. Der Ordner nickte ihm von Weitem zu, bat die letzten verbliebenen Besucher höflich, die Anlage zu verlassen, und trieb das kleine Grüppchen, das sich daraufhin bildete, dem Ausgang zu.

Gero ließ sich einstweilen auf einer der Bänke vor der Begrenzungshecke nieder und wartete, bis er alleine war. Er schloss die Augen, lauschte auf das Summen der Insekten. Vereinzeltes Zirpen von Heuschrecken. Geräusche des Sommers.

In der Hecke hinter ihm raschelte es. Vielleicht ein Vogel?

Er legte den Kopf in den Nacken und atmete tief die Luft ein. Nicht nur die Geräuschkulisse mutete sommerlich an, es *roch* auch nach Sommer. Nach dem, was er mit Sommer assoziierte: nach Süße, Blumen, nach frisch gemähtem Gras und ... Mottenkugeln?

Jetzt meinte er, eine Bewegung neben sich wahrzunehmen. Plötzlich beschlich ihn das Gefühl, nicht mehr allein zu sein. Er öffnete die Augen und erschrak. Neben ihm auf der Bank saß eine Frau. Wo war die denn hergekommen? Soweit er es im Gegenlicht der untergehenden Sonne erkennen konnte, trug sie ein langes dunkelviolettes Gewand mit weiten wallenden Ärmeln. Unter der Brust war es gerafft und mit Perlen bestickt. Ihr offenherziges Dekolleté zierte ein Collier aus farblich zum Kleid passenden Edelsteinen und auf den rotbraunen Haaren, die in üppigen Wellen ihren Rücken hinabflossen, saß eine reich verzierte Krone. Auch die bestand aus lilafarbenen Steinen in verschiedenen Schattierungen. Ihr ebenmäßiges Gesicht war blass, beinahe weiß. Weiß gepudert, wie es ihm schien. Ihre schönen schwarzen Augen sahen ihn hochmütig an. Wäre nicht dieser strenge, missbilligende Zug um den grellrot bemalten Mund gewesen, Gero hätte sie für eine Prinzessin aus einem Märchen gehalten. So wirkte sie eher wie ...

»Die böse Stiefmutter.«

Konnte sie Gedanken lesen? Ihre Stimme klang dunkel und voll. Durchaus angenehm, trotzdem jagte sie

Gero einen Schauer über den Rücken. »W… wer sind Sie?«, fragte er. »Und was tun Sie hier?«

»Das sag ich doch. Ich bin die sogenannte ›böse‹ Stiefmutter. Kennen Sie Schneewittchen?«

»Äh, ja, ein Märchen von den Gebrüdern Grimm.«

Sie verdrehte wütend ihre schönen dunklen Augen und schnaubte. »Genau die. Brüder Grimm. Die haben sich den ganzen Mist ausgedacht. Klugscheißer sind das. Klugscheißer, wie sie im Buche stehen. Buchstäblich!«

»Wie reden Sie denn! Als Figur aus einem Märchen hätte ich etwas mehr Höflichkeit von Ihnen erwartet. Immerhin haben Sie eine gewisse Vorbildfunktion für die Jugend.«

»Ich bin ja nur ein Produkt Ihrer Fantasie«, erklärte sie. »Und ich rede, wie es mir passt. Vorbild für die Jugend! Dass ich nicht lache!«, fauchte sie ihn an. »Ich bin die *böse* Stiefmutter. Laut den ›schlauen‹ Brüdern Grimm ja wohl eher das *schlechte* Beispiel. Schon vergessen?«

Sie beugte sich zu ihm hinüber. Der Geruch nach Mottenkugeln und Rosenwasser stieg ihm in die Nase. Produkt seiner Fantasie? Offenbar war die seine ziemlich überreizt. Gut, dieser wundervolle und geschichtsträchtige Ort hatte ihn schwer beeindruckt und Gero hatte schon immer eine Schwäche für übersinnliche Geschichten gehabt. Er liebte Harry Potter und ja, er war auch ein großer Märchenfan.

So also sah Schneewittchens Stiefmutter aus.

»Diese Brüder Grimm waren nichts als eingebildete Angeber«, wetterte die Frau neben ihm auf der Bank weiter. »Was die in ihren Märchen erzählen: alles Lug und Trug!« Es fehlte nur noch, dass sie vor Verachtung auf den Boden spuckte. »Ich werde als Mörderin abgestempelt, die ihr Stiefkind umbringen lassen wollte. Wissen Sie, wie man so etwas heutzutage nennt?« Sie hob ihren Zeigefinger, dessen spitz zulaufender langer Nagel passend zum Kleid lila lackiert war.

Gero kniff die Augen zusammen, aber der Anblick blieb der gleiche. Die Gartenanlage des Weikersheimer Schlosses um sie herum war inzwischen menschenleer. Und es herrschte Totenstille. Als lauschten sämtliche Vögel und Insekten interessiert dem Gespräch der beiden ungleichen Wesen auf der Parkbank.

»Rufmord!«, beantwortete sein Gegenüber aufgebracht ihre eigene Frage.

Spucketröpfchen sprühten Gero ins Gesicht. Er nickte langsam. »Und wie war es in Wirklichkeit?«, hörte er sich fragen.

»Das will ich Ihnen gern erzählen.« Sie bedeutete ihm mit einer Handbewegung, sich zurückzulehnen, und setzte sich aufrechter hin. »Ich hoffe, Sie haben genügend Zeit.«

*

Es war einmal …

Winter. Schneeflocken schwebten vom Himmel. Kunigunde saß am Fenster und sah nach draußen. Das ganze Land lag weiß und friedlich da. In ihrem Herzen allerdings herrschte alles andere als Frieden. Gerade noch hatte sie einen erbitterten Streit mit ihrem Mann, dem König gehabt. Seit drei Jahren nun war sie seine Gemahlin und ihr Gatte verlangte, dass sie ihm endlich einen Nachfolger schenkte.

»Wenn ich binnen Jahresfrist keinen Stammhalter habe, dann kannst du was erleben!«, drohte der Regent. Er war kein gütiger Herrscher. Seine Untertanen hassten ihn, denn er war gierig und ungerecht. Und er war jähzornig. Das hatte Kunigunde am eigenen Leib erfahren. Doch er war auch unermesslich reich. Das lag natürlich daran, dass er seine Untertanen ausbeutete und keine Gnade kannte, wenn einer seine Abgaben nicht pünktlich tätigte. Aber es war auch der Grund, weshalb sie ihn geheiratet hatte. Ihr eigener Vater war alt und gebrechlich. Niemand hatte Respekt vor dem Herrscher des benachbarten Königreiches. Ihre Mutter war schon lange mit einem wohlhabenden Kaufmann durchgebrannt. Kunigunde hatte gar nicht schnell genug von zu Hause wegkommen können. Und dem König ein Kind zu schenken, das sollte ihr wohl gelingen, dachte sie bei sich.

Doch es gelang nicht. Obwohl sie ihm jede Nacht beiwohnte, wollte sich einfach kein Nachwuchs einstellen. Zunehmend schwerer fiel es ihr, ihre ehelichen Pflichten zu erfüllen. Ihr Gatte war dabei grob und beleidigend. Und er gab ihr die Schuld an der Kinderlosigkeit.

Kunigunde war anderer Meinung, traute sich aber nicht, ihm zu widersprechen.

In ihrer Verzweiflung wandte sie sich an die weise Frau.

Die weise Frau war eine Institution im übertragenen wie im tatsächlichen Sinne. Sie lebte mit ihrer großen Schar von Anhängern auf einem Bauernhof am Rande des Königreichs, wo sie regelmäßig Ratsuchende aus allen Bevölkerungsschichten empfing. Jeder im Land kannte sie und die meisten hatten ihre Dienste schon einmal in Anspruch genommen. Dem König war sie deshalb ein Dorn im Auge, denn sie und ihre Getreuen weigerten sich standhaft, Steuern zu entrichten. Da halfen auch keine Drohungen, niemand wollte gegen die weise Frau vorgehen.

Heimlich suchte Kunigunde sie deshalb auf und klagte der alten Frau ihr Leid. »Wenn ich ihm bis zum nächsten Winter kein Kind schenke, wird er mich totschlagen.«

»Dann solltest du ihm eines schenken«, antwortete die weise Frau schlicht und machte eine kleine Pause, in der sie Kunigunde eindringlich musterte. »Es muss ja nicht sein eigen Fleisch und Blut sein«, fügte sie hinzu.

Sie stellte der kinderlosen Königin einen muskulösen jungen Mann vor und erklärte die Bedingungen. »Wenn du in den kommenden Monaten nicht guter Hoffnung sein wirst, dann weiß ich eine Bäuerin, die dir weiterhelfen wird. Sie hat ein stärkendes Mittel genommen, weil sie seit sieben Jahren kinderlos war, und ist daraufhin vor Kurzem mit Siebenlingen niedergekommen. Die Säuglinge sind sehr klein, sie ist mit ihnen überfordert und hat sie zu mir gebracht, damit ich sie großziehe. Sicher wird sie gegen ein kleines Entgelt auf einen der Knaben verzichten. Der König soll ›sein‹ Kind schon bekommen.« Sie lachte hämisch.

Kunigunde war ganz leicht ums Herz geworden und sie gab sich mit Freuden dem gut gebauten Mann hin. Er war Sohn eines Kaufmanns, aber weil er das Rechnen nicht so gut beherrschte und sich auch schwertat im Schreiben, verdingte er sich als Unterhalter. Er trat auf Festen in den zahlreichen benachbarten Königreichen auf und erfreute dort zumeist die Damenwelt mit der Zurschaustellung seines wohlgeformten Körpers. Den Auftrag, für Nachwuchs im Königshaus zu sorgen, empfand er als angenehme Abwechslung von diesem täglichen Einerlei und nicht nur die fürstliche Entlohnung reizte ihn, dabei alles zu geben.

Und bereits vor Ende des Winters stellte Kunigunde fest, dass sie schwanger war, und teilte es ihrem Gatten mit.

»Das wird auch langsam Zeit«, antwortete der zufrieden. Seine Freude währte allerdings nicht lange. Seine Frau zog aus dem gemeinsamen Schlafgemach aus und quartierte sich in einem der zahlreichen Gästezimmer ein, wo sie von nun an ihrer Niederkunft entgegensah. Jetzt, so argumentierte sie, sei es ja nicht mehr vonnöten, dass sie ihrem Gemahl beiwohne, und sie müsse sich überdies noch schonen.

Entsprechend missgelaunt verbrachte der König die darauffolgende Zeit und als ihm sieben Monate später statt des gewünschten Stammhalters ein Mädchen in die Arme gelegt wurde, da war es mit seiner Beherrschung vollends vorbei. Er tobte und es fehlte nicht viel, da hätte er seine eigene Gemahlin totgeprügelt.

Noch am selben Abend verließ Kunigunde den Hof, um mit dem Kaufmannssohn, der inzwischen mit seinen Auftritten genug Geld dafür gesammelt hatte, ein neues Leben zu beginnen. Eine ihr ergebene Magd berichtete dem König am nächsten Morgen, Kunigunde sei des nachts den Verletzungen erlegen, die er ihr beigebracht hatte.

Der despotische Regent zeigte wenig Reue. Er verbreitete die Nachricht, die Königin sei im Wochenbett verstorben. Für das Kind ließ er eine Amme kommen. Gerade fiel wieder der erste Schnee und so kam das kleine Mädchen zu seinem Namen: Schneewittchen.

Kurze Zeit später äußerte der König die Absicht, eine neue Frau zur Gemahlin nehmen zu wollen, und begab sich alsbald auf Brautschau.

*

Während der Erzählung der Frau hatte Gero die Augen geschlossen und gelauscht. Nun räusperte sich die Stiefmutter-Königin-was-auch-immer und rüttelte an seinem Arm. »Hallo, sind Sie noch wach?«

»Ja«, Gero rappelte sich hoch, »äh, der König begab sich auf Brautschau«, wiederholte er den letzten Satz der Märchenerzählerin.

»So ist es. Und nun komme ich ins Spiel.«

»Das habe ich mir gedacht.«

»Sie sagen das so, als hätte ich mich ihm an den Hals geworfen«, reagierte die Frau empfindlich.

Gero betrachtete nachdenklich den tiefen Ausschnitt seines Gegenübers. »Haben Sie das nicht?«

»Na ja. Ich gebe zu, ich war geschmeichelt, dass dieser starke und mächtige Mann mir Avancen machte.«

»Und ganz arm war er ja auch nicht, wenn ich das recht gehört habe.«

Sie funkelte ihn an. »Nein, er war in der Tat sehr reich. Im Gegensatz zu mir. Und zu jener Zeit gab es viele verarmte Länder. Allein um das Königreich meines zukünftigen Mannes lagen zwölf Staaten, die alle hoch verschuldet waren. Und beinahe in jedem gab es eine Prinzessin, die scharf auf den König war. So sah es aus.« Sie verschränkte schmollend die Arme vor ihrer üppigen Brust.

»Gut«, lenkte Gero ein. »Und Sie haben also das Rennen gemacht. Herzlichen Glückwunsch! Woher kennen Sie überhaupt den Anfang des ›Märchens‹?« Er malte mit den Fingern Anführungszeichen in die Luft.

»Die Amme hat es mir erzählt. Nach der Heirat wurde sie zu meiner persönlichen Zofe.«

»Und wie ging es mit Schneewittchen weiter?«

*

Nach einem Jahr der Trauer wurde der König mit einer anderen Frau vermählt. Sie war schön, aber, so wurde behauptet, stolz und übermütig. Die neue Königin hatte einen wundersamen Spiegel, den ihr einst die weise Frau überlassen hatte. Dieser konnte Dinge sehen, die anderen verborgen blieben, und er sagte stets die Wahrheit. Um ihn zu prüfen, stellte die frischgebackene Königin ihm täglich eine Frage: »Spieglein, Spieglein an der Wand, wer ist die Schönste im ganzen Land?«

Der Spiegel antwortete: »Frau Königin, Ihr seid die Schönste hier.«

Damit war sie von seiner Funktionsfähigkeit überzeugt und sie wusste überdies, dass sie die Schönste im Königreich war. Und damit es so bliebe, begab sie sich jedes Jahr zu einer Kur, um ihren Liebreiz zu pflegen. Außerdem bereiste sie viele ferne Länder und kaufte kostbare Geschmeide und die edelsten Gewänder. Wenn ihr Gemahl sie ob dieser Ausgaben zur Rede stellte, erkundigte sie sich immer nach ihrer Vorgängerin. Das tat sie ebenso, wenn er von ihr verlangte, ihren ehelichen Pflichten nachzukommen.

Und wenn er gar forderte, ihm einen Stammhalter zu schenken, erwiderte sie ihm darauf stets mit Spott in der Stimme: »Ihr habt doch Schneewittchen. Und seht sie euch nur an, wie prächtig sie gedeiht!«

Das machte der König dann in der Tat und was er sah, schien ihm zusehends besser zu gefallen.

Als die Königin nun eines Morgens auf ihre obligatorische Frage an den magischen Spiegel »Spieglein, Spieglein an der Wand, wer ist die Schönste im ganzen Land?« die folgende Antwort erhielt: »Frau Königin, Ihr seid die

Schönste hier. Aber der König, der sieht das anders als Ihr«, erschrak sie sehr, denn sie hatte die Blicke in Erinnerung, die ihr Gemahl Schneewittchen zugeworfen hatte.

»Es muss etwas geschehen, bevor etwas geschieht«, teilte sie ihrer Zofe, Schneewittchens einstiger Amme, mit. »Schneewittchen ist nun eine junge Dame und sie muss lernen, sich als solche zu benehmen.« Sie gab der Zofe den Auftrag, die weise Frau zu befragen, was man tun könne.

»Bringt Sie morgen vorbei. Es gibt eine Kommune im Wald, die ich gegründet habe. Dort leben junge Menschen zusammen. Sie müssen sich selbst versorgen und lernen dabei, erwachsen zu werden«, beschied diese.

Und so geschah es. Weil der König es als unnötige Ausgabe ansah, schaffte die Königin Schneewittchen heimlich in das Haus im Wald. In dem lebten die sieben Söhne der Bauersfrau, die alle von kleinem Wuchs waren, hatten sie sich doch die nährende Mutterbrust mit sechs anderen hungrigen Mäulern teilen müssen. Die Bäuerin war durch die Erziehung der sieben Jungs vollkommen erschöpft und überfordert gewesen und wieder einmal war es die weise Frau, die ihr geholfen hatte.

*

»Ah, die sieben Zwerge!«, freute sich Gero. Das einzige Detail, das neben Schneewittchens Namen und dem sprechenden Spiegel scheinbar tatsächlich richtig überliefert war.

»Hauptsächlich waren es ungezogene Flegel!«, wetterte die Stiefmutter. »Haben uns mit Pfiffen und anzüglichen Blicken empfangen, als wir Schneewittchen zu ihnen ins Haus brachten. Ganz wohl war uns dabei nicht, sie dort zurückzulassen. Aber die weise Frau hat mir versprochen, auf sie aufzupassen.«

»Und das hat geklappt?«, zweifelte Gero.

Die Frau nickte. »Vor der Weisen hatten die Zwerge Respekt. Sie hat ihnen ins Gewissen geredet und vor allem hat sie Schneewittchen eingeschärft, sich nichts gefallen zu lassen. Das hat die Kleine sich nicht zweimal sagen lassen.«

*

»Hey, hast du schon wieder von meinem Haferbrei gegessen?« Der größte der sieben Jugendlichen baute sich vor Schneewittchen auf.

Die machte einen langen Hals und sah auf den Jüngling herab, dabei stemmte sie die Hände in die Hüften. »Und wenn schon? Groß und stark wirst du sowieso nie werden.«

»Lass doch die dumme Kuh«, besänftigte der Nächstkleinere den Bruder. »Der blöde Brei schmeckt eh nicht!« Er spuckte Schneewittchen zur Bekräftigung seiner Worte vor die Füße.

Der letztgeborene und kleinste der Jungen eilte herbei. »An unserem Branntwein war sie auch schon wieder!«, beschwerte er sich.

»Petze! Sag es doch der Alten. Wirst schon sehen, was die mit euch macht, wenn sie rausbekommt, dass ihr hier heimlich Schnaps aus Waldbeeren brennt«, entgegnete Schneewittchen und rülpste.

Der mittlere Jugendliche, Nummer vier von sieben, trat hinzu. Er war der besonnenste und klügste der Brüder, was allerdings keine besonders große Kunst war. »Sie hat recht«, erklärte er. »Wenn die weise Frau erfährt, dass wir unseren eigenen Alkohol herstellen, wird sie uns bestrafen.«

Der Kleinste sah entsetzt drein. »Dann nimmt sie uns wieder unsere Spielsachen weg.«

»Und streicht uns die Leibesübungen mit den hübschen Mägden«, murmelte der Älteste verstört.

Schneewittchen lachte hämisch.

»Bleibt ruhig, Brüder«, beschwor sie Nummer vier. »Ich hab etwas viel Besseres als Branntwein.«

»Waaaas?«, schallte es ihm siebenstimmig entgegen, denn inzwischen hatten sich alle Zwerge eingefunden und auch Schneewittchen war an seiner Antwort interessiert.

»Geht's noch lauter?«, schimpfte Nummer vier und winkte die anderen Jungs näher zu sich heran. Schneewittchen jedoch bedachte er mit einem abweisenden Blick. »Für dich ist das nichts. Davon wachsen einem Haare auf der Brust.«

»Pah!« Die junge Frau war hin- und hergerissen. Nummer vier war der Einzige ihrer neuen Mitbewohner, der ihr geistig gewachsen war. Während die anderen Zwerge den lieben langen Tag den haarsträubendsten Unsinn erzählten, schien der zu wissen, wovon er redete.

Schließlich siegte ihre Neugier. »Vom Zuhören wird mir schon nichts geschehen.« Sie baute sich breitbeinig vor den Männern auf und verschränkte ihre Arme vor der Brust.

Nummer vier zuckte mit den Schultern und holte ein kleines Weidenkörbchen hervor. Der Inhalt war mit einem Leinentuch bedeckt, das er nun mit verschwörerischer Miene wegzog.

»Was soll denn das?«, maulte der größte Zwerg.

Sein jüngerer Bruder schüttelte enttäuscht den Kopf. »Pilze?«

»Magische Pilze.« Nummer vier nahm eine der Waldfrüchte mit zwei Fingern aus dem Korb und fuchtelte damit vor den Augen der anderen herum. »Wenn man einen davon verspeist, fühlt man sich, als habe man ein ganzes Fass Branntwein geleert.«

»Oh!« Der Älteste riss ungläubig Augen und Mund auf.

»Gib mal!« Plötzlich redeten alle durcheinander und unzählige Hände grapschten nach dem Inhalt des Körbchens.

*

»Drogen? Und da heißt es immer, die gute alte Zeit«, enttäuscht schüttelte Gero den Kopf.

Die »böse Stiefmutter« lachte auf. »Sie haben doch nicht wirklich geglaubt, dass früher alles besser war? Lesen Sie keine Geschichtsbücher?«

»Auch wieder wahr. Aber sagen Sie mal, hat Schneewittchen nicht am Ende einen Prinzen geheiratet? Oder ist das ebenfalls gelogen?«

»Ein Prinz war es nicht, aber eine Hochzeit hat es gegeben.«

*

Die Zwerge lagen berauscht auf einer Waldlichtung.

»Mann, ist das klasse! Diese vielen bunten Farben!«, rief der Älteste.

»Viiiiel besser als Branntwein!«, urteilte sein kleinster Bruder.

Selbst Nummer vier hatte der Versuchung der Pilze nicht widerstehen können und lehnte nun am Rande der Lichtung am Stamm einer Fichte, von wo aus er amüsiert aus halb geöffneten Augen das Treiben der anderen Zwerge beobachtete.

Die Einzige, die bei vollem Bewusstsein war, war Schneewittchen. Sie lauerte im Unterholz und wartete darauf, dass die sieben Zwerge eingeschlafen waren.

Endlich fielen selbst dem Größten und Schwersten die Augen zu. Das wurde aber auch Zeit, denn im Körbchen befanden sich nur noch zwei Pilze. Schneewittchen schnappte sich beide.

Es dämmerte bereits, als die Zwerge nach und nach erwachten. Und die Sonne stand hoch am Himmel, als sie alle sieben ihre spärlichen Sinne wieder beisammen hatten.

»Nix mehr drin«, kommentierte der Kleinste den Inhalt des Korbes.

»Am Nachmittag hole ich Nachschub«, beschied Nummer vier. »Aber nun müssen wir erst einmal zurück zum Haus. Schneewittchen wird uns bereits vermissen. Womöglich hat sie die weise Frau geholt.«

Das Argument überzeugte alle. Die sieben machten sich im Gänsemarsch auf in Richtung ihres Heims.

»Ey, was ist denn das?«, rief plötzlich der Älteste, der voranging.

»Da liegt Schneewittchen!«, informierte der Nächstkleinere die anderen.

»Oh, meinst du, sie hat von den Pilzen gegessen?«, wollte der Kleinste von seinem Bruder Nummer vier wissen.

Der erfasste die Situation schnell und nickte. »Wir müssen Hilfe holen. Sie hat eine Überdosis erwischt.«

Auch wenn die Zwerge Schneewittchen nicht besonders gut leiden konnten, so wünschten sie ihr doch auch nicht den Tod. Aufgeregt redeten sie durcheinander. Nummer vier beauftragte Nummer fünf, der am schnellsten laufen konnte, die weise Frau zu benachrichtigen und herzubringen.

Die wiederum brachte gleich einen Heilkünstler mit, dessen Dienste sie in letzter Zeit öfter in Anspruch genommen hatte. Der junge Mann verstand sich besser als jede Hexe auf die Wirkung von Pflanzen und die Anatomie des Menschen. Mit den Honoraren, die ihm die weise Frau einst gezahlt hatte, hatte er vor Kurzem ein eigenes Sanatorium eröffnet. Wer es sich leisten konnte, der suchte dieses auf und konnte es kurze Zeit später erfrischt und gestärkt wieder verlassen. Es verfügte, so wurde gemunkelt, über einen Jungbrunnen, dessen Wirkung nicht zu übersehen war.

Als der Heilkünstler Schneewittchen erblickte, rief er aus: »Sie ist vollkommen! Hier kann ich nichts mehr verbessern!« Dann weiteten sich seine Augen vor Entsetzen: »Sie ist doch nicht tot?«

Es dauerte eine Weile, bis die Zwerge ihm erklären konnten, was es mit Schneewittchens Bewusstlosigkeit auf sich hatte. »Schafft sie in mein Sanatorium«, ordnete er daraufhin an.

*

»Lassen Sie mich raten«, Gero sah die Märchenerzählerin triumphierend an, »die beiden haben geheiratet und lebten glücklich bis ans Ende ihrer Tage?«

»Sie können einem aber auch jede Erzählfreude nehmen«, maulte die Stiefmutter und erhob sich. Inzwischen war es dunkel geworden und nur der Mond tauchte den Barockgarten in ein fahles Licht.

»Ist ja gut«, schlug Gero einen besänftigenden Ton an. »Es ist trotzdem ein schönes Märchen. Und vor allem«, fügte er hinzu, »haben Sie die Ehre sämtlicher böser Stiefmütter gerettet.«

Die Frau, die sich bereits ein paar Schritte entfernt hatte, wandte sich noch mal um und lächelte. »Und wenn sie nicht gestorben sind, dann leben sie noch heute ...«

12 – PLÖTZLICH UND UNERWARTET
(CREGLINGEN; FINGERHUTMUSEUM, HERRGOTTSKIRCHE)

»Das Ei ist hart.« Vinzenz Vollhans schnaubte und sah seine Frau über den Frühstückstisch hinweg stirnrunzelnd an.

Die schwieg. Sie wusste, dass der Unmut ihres Ehemannes nichts mit ihren Fähigkeiten zu tun hatte, ein perfektes Frühstücksei zu kochen. Sie hatte schon lange aufgegeben, es ihm recht machen zu wollen. Dieses Ei war tatsächlich hart, doch selbst wenn es vollkommen gewesen wäre, hätte Vinzenz etwas daran auszusetzen gehabt. In Wirklichkeit war es nämlich nicht die Konsistenz seines Frühstückseis, die den ehemaligen Hauptkommissar der Mordkommission bereits am frühen Morgen auf die Palme brachte. Nein, es war diese Anzeige in der Zeitung: »Viel zu schnell und unerwartet verstarb mein lieber Ehemann …«

Anzeigen mit diesem oder einem ähnlichen Wortlaut schlugen ihm aufs Gemüt. Vor allem Begriffe wie »plötzlich« und »unerwartet« im Text ärgerten ihn und wenn es dann noch den »lieben Ehemann« betraf, dann war es mit seiner Beherrschung vollends vorbei. Dann reagierte Vinzenz Vollhans aufs Äußerste erbost. Und das nicht etwa, weil er den unvermittelt Verblichenen gekannt hätte. Zumindest nicht persönlich. Oder weil der Betrauerte im gleichen Alter gewesen wäre wie er selbst und ihm dadurch die eigene Vergänglichkeit vor Augen geführt worden wäre. Nein, es reichte, wenn der Verstorbene männlich, verheiratet und plötzlich aus dem Leben gerissen worden war.

In der heutigen Ausgabe der Fränkischen Nachrichten fand sich wieder eine Anzeige mit ebendiesem Wortlaut.

»Ich habe es kommen sehen«, hatte er gebrummt und die Zeitung wütend zusammengeknüllt.

Gundula Vollhans enthielt sich eines Kommentars. Sie wusste ja: Es lag nicht an ihr, es war die Zeitung. Mit verschränkten Armen beobachtete sie ihren Mann, wie der das Ei köpfte, um es anschließend vor sich hin grummelnd zu verzehren. Es war lange her, dass sie ihn gut gelaunt in den Tag hatte starten sehen.

*

Angefangen hatte alles vor ziemlich genau fünf Jahren. Vinzenz Vollhans, von seinen Kollegen auch VV genannt, befand sich zu jener Zeit noch im aktiven Dienst und ging seiner Tätigkeit als Hauptkommissar der Mordkommission in Heilbronn nach, als sich das Folgende ereignete:

Die Polizeidienststelle in Bad Mergentheim hatte seine Abteilung verständigt. Ein Patient im örtlichen

Krankenhaus lag im Sterben. Die Symptome legten den Verdacht auf eine Pilzvergiftung nahe. In solchen Fällen musste zumindest überprüft werden, ob ein Vorsatz dahinterstand, zumal es sich bei dem Dahinscheidenden um keinen Geringeren als Heinz Büttenschön handelte, schwerreicher Privatier und Mitglied diverser Ausschüsse und Aufsichtsräte.

Bis VV im Krankenhaus eintraf, war der Patient leider bereits tot. Eine Obduktion bestätigte den Verdacht. Büttenschön war an einer Knollenblätterpilzvergiftung gestorben und hinterließ eine angemessen trauernde und äußerst gut versorgte Witwe.

Das todbringende Gift, so viel konnte festgestellt werden, hatte der Privatier eine Woche zuvor zu sich genommen. Büttenschön war leidenschaftlicher Pilzsammler gewesen und hatte auch die Zutaten für das tödliche Gericht selbst gesammelt. Da niemand an der Kompetenz des Pilzkenners zweifelte, am wenigsten er selbst, deutete zu diesem Zeitpunkt auch keiner die ersten Symptome wie Durchfall und Erbrechen richtig, besonders da diese – wie bei Knollenblätterpilzvergiftungen üblich – erst einige Stunden nach der tödlichen Mahlzeit einsetzten. Außerdem betraf die Unpässlichkeit nur Herrn Büttenschön und nicht dessen Ehefrau, die mit ihm am Tisch gesessen hatte. Typisch für eine derartige Vergiftung ging es dem Patienten zudem kurze Zeit darauf zunächst wieder besser, sodass abermals niemand einen Zusammenhang mit dem Pilzgericht herstellte.

Als dann eine knappe Woche später erneute heftige Beschwerden eintraten und Anzeichen einer Leberschädigung mit einhergehender Verwirrtheit offenbar wurden, war es schon zu spät. Die Ärzte im Krankenhaus schlossen zwar sofort auf eine Knollenblätterpilzvergiftung, konnten dem reichen Privatier aber leider nicht mehr helfen.

Die Kriminalpolizei, und damit auch Vinzenz Vollhans, ermittelte also, wie das bei überraschenden Todesfällen mit unklarer Ursache üblich war.

Der Hauptkommissar sprach mit der Witwe, der Haushälterin des Verstorbenen und mit deren Ehemann, der als Hausmeister bei den Büttenschöns arbeitete. Er und seine Frau hatten das Essen zubereitet, sich bei den Pilzen aber laut eigener Aussage voll auf die Expertise des Verstorbenen verlassen. Der hatte die vermeintlichen Champignons wie so oft am Morgen desselben Tages eigenhändig gesammelt.

Dass der Mann der Haushälterin ihr an jenem Tag ausnahmsweise beim Kochen geholfen hatte, lenkte schließlich den Verdacht auf ihn. Und dieser Verdacht erhärtete sich weiter, als die Hausangestellte unter Tränen von einem heftigen Streit ihres Gatten mit Herrn Büttenschön berichtete.

Persönlich befragen konnte VV den Haushälterinnengatten allerdings leider nicht mehr, denn als der Hauptkommissar im Büttenschön'schen Anwesen eintraf, hatte der sich zuvor mit einer Überdosis Schlaftabletten das Leben genommen, während seine Frau beim Einkaufen gewesen war. Dass es sich bei seinem Tod um einen Selbstmord gehandelt haben könnte, rückte wiederum eine Aussage seiner Arbeitgeberin, Hertha Büttenschön, in den Bereich des Möglichen. Die erklärte der Polizei, der Tote habe ihr gegenüber eine Andeutung gemacht: Er habe sich am Ableben ihres Gatten mitschuldig gefühlt, immerhin sei er bei der Zubereitung des tödlichen Gerichts beteiligt gewesen. Dabei habe ihm laut der Unternehmerswitwe besonders zu schaffen gemacht, dass der Verstorbene ihm erst kurz zuvor eine Nachhilfestunde in puncto Pilzkunde gegeben habe und er also den tödlichen Irrtum hätte erkennen können, wenn er nicht durch den vorangegangenen Streit mit seinen Gedanken woanders gewesen wäre.

Ein Abschiedsbrief mit einem Schuldeingeständnis wurde zwar leider nicht gefunden, doch, so meldete sich wiederum die Haushälterin weinend zu Wort, das sei auch nicht die Art ihres Mannes gewesen. Weder das Briefeschreiben noch das heimtückische Planen eines Mordes mittels Knollenblätterpilzen passe zu ihrem eher praktisch veranlagten, nun leider toten Gatten. Der sei doch mehr so der zupackende Typ gewesen. Sie hätte ihm stattdessen eher zugetraut, den werten Herrn Büttenschön mit einer Axt zu erschlagen, wenn denn eine Tötungsabsicht vorgelegen haben sollte. Auch sie schob die offensichtlich gezeigte Reue ihres Mannes daher auf die Tatsache, dass er trotz gewisser Kenntnisse die Knollenblätterpilze nicht identifiziert hatte. Eine Verkettung unglücklicher Umstände also, die am Ende zwei Menschen das Leben gekostet hatte.

Das glaubte auch der Polizeirat, VVs Vorgesetzter, nachdem er ein ernstes Gespräch mit den Anwälten von Hertha Büttenschön geführt hatte. Und schließlich wurde, da weder eine Schuld des Hausmeisters noch die eines anderen zweifelsfrei festgestellt werden konnte, das Verfahren, sehr zum Unmut des Hauptkommissars, eingestellt.

Der wollte das allerdings so nicht hinnehmen. Immerhin blieb die Frage offen, warum die Privatierswitwe selbst nichts von dem Pilzgericht zu sich genommen hatte. Bei ihr waren nicht die geringsten Symptome einer Vergiftung festgestellt worden. Zufall? Oder hatte sie von den tödlichen Ingredienzen der Mahlzeit gewusst und sie absichtlich gemieden?

Vollhans behielt also trotz Einstellung des Verfahrens fortan beide Witwen im Auge.

*

Etwa ein halbes Jahr später kam es zu einem weiteren plötzlichen Todesfall im Umfeld von Hertha Büttenschön: Beim Reinigen seines Jagdgewehrs verletzte sich der Ehemann einer guten Bekannten tödlich. Seine hinterbliebene Frau hatte ein Alibi, fand doch zum Zeitpunkt des Unfalls ihre allwöchentliche Bridgerunde statt, der auch Hertha Büttenschön angehörte.

Vinzenz Vollhans glaubte nicht an einen Zufall und nahm die Ermittlungen auf, wurde aber kurz danach wieder einmal zurückgepfiffen. Da es sich bei den Mitgliedern des Bridgeklubs um durchweg angesehene ältere Damen handelte, alle nicht unvermögend und großzügige Fördererinnen diverser sozialer Einrichtungen in der Region, wollte man kein Aufsehen erregen. Nichts deutete darauf hin, dass der Tod des Bridgespielerin-Gatten etwas anderes als ein tragischer Unfall gewesen sei, erklärte VVs Chef ihm eindringlich.

*

Und auch, als der Ehemann der dritten Bridgespielerin nur drei Monate später beim Wandern in den Bergen in eine Schlucht stürzte und noch am Unfallort starb, wurde Vinzenz Vollhans gebeten, sich zurückzuhalten. Tatsächlich lag die Frau des Verunglückten zum Zeitpunkt des Todes mit gebrochenem Bein im Krankenhaus. Sie konnte also gar nichts mit dem Tod ihres Gatten zu tun gehabt haben. Leider gelang es Vollhans nicht, festzustellen, wo sich die anderen Kartenspielerinnen aufgehalten hatten, auch wenn er nichts unversucht ließ. Ihm waren die Hände gebunden.

*

Es vergingen zwei Jahre, bis auch das vierte Mitglied des Bridgeklubs zur Witwe wurde. Ihr Ehemann, der schon seit vielen Jahren wegen seiner fortschreitenden Demenz in einer noblen Privatklinik lebte, starb an Herzversagen. Da der Mann schon länger herzkrank gewesen war, wurde ein natürlicher Tod attestiert. Vollhans ermittelte trotzdem. Heimlich. Er fand heraus, dass der Verstorbene angeblich ohne Wissen des Pflegepersonals sein Herzmedikament beiseitegeschafft hatte, anstatt es einzunehmen. Eine Folge seiner Demenz, erklärte man ihm in der Klinik, und bat ihn inständig, das nicht an die große Glocke zu hängen, wie man so schön sagte.

»Und wenn Sie es auch bitte der Witwe nicht weitererzählen«, ersuchte ihn die stellvertretende Verwaltungschefin. »Die Frau hat schon genug durchmachen müssen.«

Auf VVs Frage, was sie damit meine, bekam er zur Antwort, dass der Entschlafene es zu früherer Zeit nicht so genau mit der ehelichen Treue gehalten habe und auch während seines Aufenthalts in ihrem Hause die Finger nicht von den weiblichen Angestellten habe lassen können. Angeblich war das auch der Grund für die größere Geldsumme, die an seine persönliche Pflegerin geflossen war.

Vinzenz Vollhans blieb nichts anderes übrig, als sich seinen Teil zu denken, und das tat er ausgiebig. Insgeheim benannte er den »Bridgeklub« in »Witwenklub« um. Dessen »Vorsitzende« Hertha Büttenschön behielt er weiterhin im Auge. Selbstverständlich in seiner Freizeit, sehr zum Leidwesen seiner Ehefrau Gundula.

Allzu viel Spektakuläres hatte Vollhans bis zu diesem Zeitpunkt zwar nicht über die bridgespielende Witwe herausgefunden, aber er ließ nicht locker. Es war die Summe der Kleinigkeiten, die sie seiner Meinung nach verdächtig machte.

Hertha Büttenschön lebte nach wie vor mit ihrer Haushälterin zusammen. Keine der beiden Frauen war nach dem Tod ihres jeweiligen Ehepartners eine neue Beziehung eingegangen. Einmal wöchentlich, immer freitagnachmittags, traf sich der »Witwenklub« weiterhin zum Bridgespielen in der Büttenschön'schen Villa.

Darüber hinaus besuchte Hertha Büttenschön zahlreiche Veranstaltungen im Taubertal und trat bei vielen Gelegenheiten als Sponsorin oder Unterstützerin auf. Da hatte der Hauptkommissar in seiner Freizeit alle Hände voll zu tun. Oft wohnte die Büttenschön gemeinsam mit einer oder allen ihren Bridgepartnerinnen den Events bei, bei denen der Hauptkommissar sie beobachtete. Weitere Freunde oder Bekannte, die sie regelmäßig traf, gab es nicht. Ihre zahlreichen Ausflüge in die Region und Besuche von Sehenswürdigkeiten und Museen unternahm sie stets allein.

Eine besondere Vorliebe hatte sie dabei für das Fingerhutmuseum an der Romantischen Straße, ganz in der Nähe von Creglingen, und für die Herrgottskirche mit ihrem berühmten Riemenschneideraltar gleich daneben entwickelt. Ersteres besuchte sie mindestens einmal im Monat, Letztere sogar im Wochenrhythmus.

Nun war das Fingerhutmuseum mit seinen über 4.000 Ausstellungsstücken aus aller Welt durchaus etwas Außergewöhnliches und sicher auch mehr als nur einen Besuch wert. Aber dass die Witwe es alle vier Wochen frequentierte, fand Vinzenz Vollhans verdächtig. Zumal sie sich jedes Mal mindestens eine Stunde dort aufhielt und ganz offensichtlich die Geschichte des Fingerhuts stets aufs Neue studierte. Die musste sie inzwischen doch auswendig kennen. Anschließend drückte sie sich immer ein Weilchen im Museumsshop herum, bevor sie dann einen kurzen Fußweg unternahm und in die Herrgottskirche wechselte.

In der Kirche verbrachte sie wenigstens eine weitere Stunde damit, auf einer der hinteren Bänke zu sitzen und nachzudenken. Das tat sie ebenfalls in regelmäßigen Abständen, einmal pro Woche nämlich, zwischen ihren Besuchen des Fingerhutmuseums. Irgendetwas schien sie damit zu bezwecken. Etwas, das über das Interesse an den zugegebenermaßen beeindruckenden und schönen Fingerhüten, dem berühmten Altar und der inneren Einkehr hinausging. Dessen war er sich sicher.

*

Vollhans machte also weiter. Ein paarmal beobachtete er, wie Frau Büttenschön mit anderen Personen ins Gespräch kam, wobei die Initiative immer von den jeweiligen Gesprächspartnerinnen – es handelte sich ausnahmslos um Damen – ausging.

Dann erkannte er eine der Frauen, die Hertha Büttenschön bei den Fingerhüten aus dem Mittelalter angesprochen hatte, in der darauffolgenden Wochen wieder, wie sie der Witwe in die Herrgottskirche folgte und sich drinnen neben sie setzte.

Lief so die Kontaktaufnahme ab?

Es folgten weitere Zusammentreffen mit dieser und mit anderen Frauen. Soweit er es mitbekam, trafen sie sich nur im Fingerhutmuseum oder in der Herrgottskirche. Außerhalb der beiden Sehenswürdigkeiten gab es keine Verbindung.

Nun begann er, die Bekanntschaften von Frau Büttenschön zu beschatten. Soweit er dazu in der Lage war. Meist fanden nur wenige Treffen mit ein und derselben Person statt, die anschließend wieder aus dem Leben der Witwe verschwand. Es war Vollhans, trotz seiner Tätigkeit bei der Polizei, nicht immer möglich, die Identitäten der Frauen herauszufinden. An die erste, bei der ihm das schließlich gelang, erinnerte er sich deshalb noch gut. Eine blasse, leicht übergewichtige Dame aus Stuttgart.

Noch während er vergeblich nach zusätzlichen Berührungspunkten zwischen den beiden Frauen suchte, verstarb der Ehemann der Stuttgarterin. Plötzlich und unerwartet. So stand es in der Traueranzeige.

Näheres zu den Umständen seines Todes konnte Vinzenz Vollhans nicht in Erfahrung bringen. Die Kollegen aus der Hauptstadt konnten oder wollten ihm dazu keine Auskünfte geben. Sein Chef nahm ihn mal wieder ins Gebet, erteilte ihm eine Rüge, drohte mit Abmahnung, wenn er nicht aufhöre, im Umfeld von Hertha Büttenschön herumzuschnüffeln. Dummerweise hatte er die Stuttgarter Kollegen nämlich nach Zusammenhängen mit der Privatierswitwe gefragt.

»Sie wollen doch Ihre Pension nicht aufs Spiel setzen?«, hatte sein Vorgesetzter ihn gefragt. Vollhans nickte nur und passte in Zukunft besser auf. Seinen Kollegen vertraute er sich nun überhaupt nicht mehr an. Und auch seine Frau Gundula wusste nur das Nötigste. Ganz verbergen konnte er seine Aktivitäten vor ihr allerdings nicht. Hertha Büttenschöns Umgang war zur Obsession geworden.

*

Bis zu seiner Rente gab es noch zwei plötzliche und unerwartete Todesfälle von Ehemännern, die er mit der mörderischen Witwe in Verbindung brachte. Einer in Tauberbischofsheim und der zweite in Würzburg. Außer ihm interessierte sich jedoch niemand für den Zusammenhang.

*

Dann war es endlich so weit. Vinzenz Vollhans wurde offiziell in Rente geschickt. Sein Vorgesetzter atmete auf.

Gundula jubilierte: »Dann können wir endlich mal gemeinsam verreisen. Wie wäre es mit Gran Canaria?«

Tatsächlich hatte Vinzenz sie immer auf seinen Ruhestand vertröstet, wenn das Thema auf einen gemeinsamen Urlaub kam. Jetzt musste er sich eine neue Ausrede einfallen lassen. »Weißt du eigentlich, was so eine Reise kostet? Das können wir uns von meiner kleinen Pension gar nicht leisten!«

»Na, am Hungertuch nagen wir ja wohl auch nicht«, begehrte Gundula auf, als er mal wieder den von ihr neben seinem Frühstücksteller platzierten Reiseprospekt mit ebendieser Argumentation zur Seite schob.

»Das Ei ist hart«, wechselte Vollhans das Thema.

Gundula schwieg. Sie hatte nach der Geburt ihrer beiden Söhne ihren Beruf als Bürokauffrau nicht wieder ausgeübt, um ganz für die Kinder und ihren Mann da zu sein, der bei der Mordkommission oft Überstunden hatte machen müssen und dessen Arbeitszeiten selten geregelt gewesen waren. War das nun der Dank dafür? Sie hielt fürs Erste zwar den Mund; ihr Ehrgeiz, dem geliebten Gatten zu Gefallen zu sein und ihm beispielsweise ein perfektes Frühstücksei zu servieren, war allerdings verschwunden. Wie so vieles. Ab sofort setzte sie ihm Fertiggerichte vor und verbrachte ihre Zeit vor dem Fernseher, wo sie im Lauf der Zeit eine besondere Vorliebe für Reiseberichte entwickelte.

Vinzenz Vollhans bemerkte den Qualitätseinbruch bei der täglichen Verpflegung nicht einmal. Das Einzige, was er nach wie vor jeden Morgen bemängelte, war die Konsistenz seines Frühstückseis. Oft war das der einzige Satz, den er im gesamten Tagesverlauf an sie richtete.

*

Dann gab es endlich einmal einen Todesfall, über den sich Vinzenz Vollhans freute.

Seine Urgroßtante verstarb im stolzen Alter von 93 Jahren und hinterließ ihm 10.000 Euro. Und das, obwohl er sich zu Lebzeiten recht wenig um sie gekümmert hatte. Zu Geburtstagen, Weihnachten und anderen Anlässen hatte Gundula ihm eine Karte zur Unterschrift vorgelegt. Mehr war da nicht gewesen. Aber das hatte scheinbar ausgereicht, ihn in ihrem Testament zu bedenken.

»Jetzt können wir endlich unsere Reise antreten«, wagte Gundula ein paar Tage nach der »frohen Botschaft« einen Vorstoß.

Doch Vinzenz hatte andere Pläne. Bereits tags zuvor hatte er eine neue Kamera und eine Profi-Abhöranlage mit bis zu 100 Metern Reichweite bestellt.

Als Gundula davon erfuhr, brach sie endlich ihr selbst auferlegtes morgendliches Schweigen. »Spinnst du? Was willst du denn damit?«

»Ich kann es nicht hinnehmen, dass eine Mörderin auf freiem Fuß ist«, war Vinzenz Vollhans' pathetische Antwort. »Du möchtest doch auch Gerechtigkeit. Nur weil die Frau reich ist, darf sie mit ihren Methoden nicht davonkommen.«

Gundula wusste natürlich, von wem die Rede war, auch wenn sie und ihr Mann schon lange nicht mehr über Hertha Büttenschön gesprochen hatten. »Aber was hast du davon, wenn du es mit Tonbandaufnahmen beweisen kannst, dass sie ihren und vielleicht auch noch andere Männer umgebracht hat? So etwas ist illegal!« Wütend funkelte sie ihn über ihre Kaffeetasse hinweg an. »Kein Gericht der Welt lässt das als Beweismaterial zu. Das müsstest du als ehemaliger Polizist eigentlich wissen.«

Vinzenz Vollhans verzehrte sein Frühstücksei und dachte nach. So viel hatte Gundula schon lange nicht mehr mit ihm gesprochen. Und er musste zugeben, dass sie mit ihrer Behauptung recht hatte.

»Von dem Geld hätten wir eine Reise nach Gran Canaria buchen können«, setzte sie zu allem Überfluss noch nach, bevor sie den Frühstückstisch abräumte.

*

Vinzenz Vollhans grübelte weiter. Den ganzen Tag starrte er geistesabwesend vor sich hin. In der Nacht schlief er kaum.

Am nächsten Morgen blieb seine Kritik am von Gundula zubereiteten Frühstücksei aus. Stattdessen räusperte sich der Hauptkommissar a. D. und erklärte dann feierlich: »Liebe Gundula, ich habe nachgedacht. Du bekommst deine Reise. Gran Canaria, drei Wochen ›all inclusive‹.«

Gundula wurde hellhörig. Sie kannte ihren Gatten lange genug, um zu wissen, dass damit eine Forderung verknüpft sein musste. Sie schwieg also zunächst wie gewohnt.

»Aber vorher musst du mir helfen«, rückte Vinzenz schließlich mit der Sprache heraus und bestätigte damit ihre Vermutung. »Wenn es eine Person gäbe, die bezeugen könnte, dass Hertha Büttenschön im Auftrag von Ehefrauen deren Männer umbringen lässt, dann bräuchten wir keine Tonbandaufnahme.«

Gundula ahnte, worauf er hinauswollte. »Du meinst, *ich* soll sie anheuern? Aber wie stellst du dir das vor?«

»Die Kontaktaufnahme erfolgt im Fingerhutmuseum bei Creglingen. Das kennst du doch?«

Sie nickte. »Da wollte ich schon immer mal hin, die sollen ganz unglaubliche Fingerhüte haben, sogar welche aus purem Gold oder gehäkelte Exemplare«, schwärmte sie.

Vinzenz nickte erfreut. »Na, siehst du. Dann kannst du zwei Fliegen mit einer Klappe schlagen.«

Auch Gundula neigte zufrieden den Kopf und stimmte ihm insgeheim zu.

*

»Eine Piña colada für die Dame.« Der freundliche Keeper der Strandbar stellte den Cocktail vor ihr ab und schenkte ihr ein bezauberndes Lächeln.

Eine ältere Frau in einem bunten Sommerkleid trat

hinzu und deutete auf den Platz neben ihr. »Darf ich?«, erkundigte sie sich und bestellte einen Prosecco auf Eis.

Sie sog an ihrem Strohhalm und nickte der Dame über das Glas hinweg aufmunternd zu.

»Ich bin Susanne Herrmann aus Berlin«, stellte die Fremde sich vor. »Das ist mein erster Urlaub allein, nach meiner Scheidung.« Das georderte Getränk wurde vor sie hingestellt.

»Mein Name ist Gundula Vollhans. Ich reise auch allein.« Sie prostete Susanne Herrmann zu. »Mein Mann ist vor Kurzem gestorben. Ein Unfall. Ganz plötzlich und unerwartet.«

13 – DER ERSTE FALL FÜR DIE
MISS MARPLE VOM TAUBERTAL
(ROTHENBURG OB DER TAUBER, UMLAND, NATURPARK FRANKENHÖHE)

»Miss Marple vom Taubertal«. Den Spitznamen hatte Elfriede Gelderlin nicht von ungefähr. Sie war eine glühende Verehrerin von Agatha Christie und deren berühmter Hobbydetektivin: Elfriede hatte sämtliche Bücher von ihr mehrfach gelesen, die Filme um die schnüffelnde Seniorin kannte sie auswendig und mangels Nachschub zierten inzwischen zahlreiche neue Krimis ihr Regal, in denen ältere Damen ihre detektivische Spürnase unter Beweis stellten. Die Presse hatte die Heldinnen dieser Bücher schon mehrfach als die Nachfolgerinnen von Miss Marple aus den verschiedenen Regionen Deutschlands gerühmt. Doch keine, davon war Elfriede überzeugt, war so nahe am Original wie sie selbst.

Ihre Lebensumstände glichen außerdem frappierend denen ihres Vorbilds: Sie wohnte wie dieses in einem beschaulichen Dorf. Gut, ihr Heimatort lag in Baden-Württemberg nahe Rothenburg ob der Tauber und nicht in einer englischen Grafschaft, doch ähnelten sich diese kleinen Dörfer, ob in Deutschland oder in der englischen Provinz, nicht alle? Elfriede nannte in dem ihren ein kleines Haus ihr Eigen, das sie, genau wie ihren Lebensunterhalt, einer bescheidenen Erbschaft zu verdanken hatte. Eine weitere Parallele zu der echten Miss Marple. Sie war ledig und ebenso wie ihr Vorbild nie verheiratet gewesen und, als zusätzliche Übereinstimmung verfügte sie außer eines fürsorglichen Neffen über keinerlei lebende Verwandte mehr.

Damit endete allerdings die Ähnlichkeit, denn im Gegensatz zu den Miss Marples aus ihren Krimis hatte Elfriede Gelderlin bisher keinen einzigen Kriminalfall gelöst.

Das plötzliche Verschwinden der Wirtsfrau vor zwei Jahren, hinter dem Elfriede ein Verbrechen gewittert hatte, stellte sich letztlich als freiwilliges Verlassen eines ungeliebten und zuweilen jähzornigen Ehemannes heraus. Und auch beim mutmaßlichen Diebstahl einer wertvollen Brillantbrosche im Nachbarhaus hatte es sich bloß um ein Missverständnis gehandelt. Die Besitzerin, eine ältere Dame, hatte das kostbare Stück schlicht und ergreifend verlegt.

Ihr letzter »Detektiveinsatz« hatte einer verunfallten Erzieherin des örtlichen Kindergartens gegolten. Der alleinerziehende Vater eines ihrer Schützlinge hatte der jungen Frau schöne Augen gemacht und die hatte ihn abgewiesen. Nach einem abendlichen Elterngespräch mit jenem Herrn war die Erzieherin unglücklich die Treppe in der Kindertagesstätte hinabgestürzt. Seither lag sie im Krankenhaus. Elfriede hatte ein Verbrechen aus Leidenschaft geargwöhnt. Doch auch die Polizei ermittelte und stellte schließlich fest, dass der Unfall nicht die Kurzschlusshandlung eines abgewiesenen Verehrers gewesen war, sondern ein äußerst bedauerlicher Unfall. Das Gebäude, in dem sich der Kindergarten befand, war schon lange marode, weil das Geld für eine Sanierung fehlte. Nun drohte der Einrichtung die Schließung. Elfriede hatte ein weiteres Mal die Aussicht auf private Ermittlungen begraben und stattdessen zusammen mit ihren Freundinnen Spenden gesammelt, um die Schließung zu verhindern.

Was mögliche Kriminalfälle anging, hielt sie weiterhin die Augen offen. Denn, so war sie überzeugt, das Verbrechen lauerte überall und es war nur eine Frage der Zeit, bis es auch in ihrem kleinen und zumeist beschaulichen Heimatort Einzug halten würde. Wie recht sie damit haben sollte und dass es dann gleich so geballt auftreten würde, damit hatte indessen selbst Elfriede Gelderlin nicht gerechnet.

Zunächst einmal verbrachte sie ihre Zeit hauptsächlich damit, Topflappen für einen Basar zur Unterstützung des Kindergartens zu häkeln. In ihrer restlichen Freizeit allerdings schaute sie nach wie vor ihren Mitmenschen auf die Finger und auf den Mund. Zu diesem Zweck trug sie immer ihr Opernglas mit sich. Ihr Neffe Peter hatte es ihr geschenkt. Peter lud sie mindestens einmal jährlich zu einer Vorstellung ins Toppler Theater ein; in dem Jahr, in dem besagtes Etablissement eine sogenannte »Kriminale Saison« ausgelobt hatte, waren sie sogar dreimal in dem beliebten Freilufttheater in Rothenburg ob der Tauber gewesen. Dabei hatte Peter festgestellt, dass Elfriedes Gehör zwar noch ganz ausgezeichnet war, ihre Sehkraft aber in den letzten Jahren etwas nachgelassen hatte. Und so hatte er sie in der darauffolgenden Saison mit dem kleinen Fernglas überrascht.

Das erwies Elfriede nun auch bei ihren täglichen Spaziergängen gute Dienste. Wenn jemand sie darauf ansprach, behauptete sie, Vögel zu beobachten, womit sie, wie alle dachten, eben mit einem weiteren Hobby ihrem Idol, Miss Marple, nacheiferte. Und wenn man es genau nahm, stimmte das ja: Sie beobachtete tatsächlich Vögel, wenn auch eher schräge ohne Federn, dafür auf zwei Beinen.

Dieser Freizeitbeschäftigung verdankte sie es dann letztendlich, dass sie als eine der Ersten vom Tod des reichen Grundbesitzers Arnold Krummbein auf dessen am Rande ihres Heimatdorfes gelegenen Landsitzes erfuhr.

Es war während ihres allmorgendlichen Spaziergangs durch den Weinlehrpfad »Stein und Wein« ganz in der Nähe. Der Pfad bildete einen Teil des Naturparks Frankenhöhe, einem über 1.000 Quadratkilometer umfassenden Areal bei Rothenburg mit vielfältigem Landschaftsbild und einem der sonnenreichsten Gebiete Süddeutschlands. Hier konnte man, wenn man wollte, nicht nur Wissenswertes über das Erzeugnis der in der

Region angebauten Reben erfahren, sondern hatte darüber hinaus einen fantastischen Aus- und Überblick.

Wie immer machte Elfriede gegen Ende ihres Fußmarsches kurz vor ihrem Heimatörtchen auf einer Anhöhe Rast. Von dort war besagtes Anwesen des Herrn Krummbein ganz besonders gut einsehbar. Sie zückte ihr Fernglas.

Es war ein Mittwoch, kurz vor elf. Um diese Uhrzeit befand sich normalerweise, wie sie wusste, auf dem Vorplatz des Guts der Lieferwagen des nahe gelegenen Biohofs. An jenem Tag aber war neben dem in die Jahre gekommenen Kastenwagen mit der Aufschrift »Natürliches aus der Region«, ganz außer der Reihe das Auto des Dorfarztes zu sehen. Das wiederum beobachtete Elfriede in der Regel erst freitagmorgens. Als erfahrene Hobbyermittlerin zog sie ihre Schlüsse und dehnte die Ruhepause aus, damit sie den Landsitz weiter im Auge behalten konnte.

Dass der alte Herr Krummbein schon lange bettlägerig und herzkrank war, wusste sie von ihrer Freundin Hannelore Wüstenberg, die als Köchin im Hause Krummbein beschäftigt war. Hannelore war es auch gewesen, die sich nicht nur einmal bei Elfriede über den uneinsichtigen Greis beschwert hatte, weil der sich über die ärztlich verordnete salzarme Diät und das Alkoholverbot des Mediziners wiederholt hinwegsetzte. Regelmäßig würzte er das von Hannelore zubereitete Essen nach. Von der heimlichen Flasche Rum, die auf unerklärliche Weise stets erneut in seinem Nachttisch auftauchte, nachdem man sie ihm zuvor weggenommen hatte, ganz zu schweigen.

War dem alten Griesgram diese Renitenz nun zum Verhängnis geworden?

Als kurze Zeit später ein Polizeiwagen auf dem Hof der Krummbeins auftauchte, holte Elfriede eilig ihr Mobiltelefon hervor, das sie von ihrem Neffen für Notfälle bekommen hatte, und wählte Hannelores Nummer.

*

»Möchtest du Zucker?«, fragte Hannelore die Freundin. »Wir haben hier feinsten Kandis.« Sie erhob sich, um die Zuckerdose aus dem Schrank neben der Spüle zu holen. Die beiden Frauen waren gerade dabei, sich in der Krummbein'schen Küche eine Tasse Tee zu gönnen. Den hielt Hannelore immer für Besucher und Bewohner des Hauses bereit. Die Vorliebe für das nicht nur in England sehr beliebte Heißgetränk war eine weitere Parallele zwischen Elfriede und Miss Marple.

Hannelore stellte die Dose mit dem Kandis vor sie hin. »Tee mit reichlich Zucker. Das hat der alte Herr geliebt. Und der gute Kandis war eines der wenigen Dinge, bei denen er sich nicht über meine Verschwendungssucht aufgeregt hat.« Sie seufzte. »Wehe, der fehlte auf seinem Frühstückstablett. Dann konnte er ungemütlich werden und hat das ganze Haus zusammengeschrien.« Sie lächelte traurig. »Und wenn ich nicht aufgepasst habe, hat er sich schon morgens heimlich Rum in seinen Tee gekippt. Immer wieder. Es würde mich nicht wundern, wenn ihn diese Sturheit und seine Uneinsichtigkeit das Leben gekostet hätten.«

Nachdenklich rührte Elfriede in ihrem Earl Grey.

»Der Doktor sagt, es war ein Herzinfarkt«, ergänzte Hannelore.

»Das ist durchaus möglich«, antwortete ihre Freundin nun. »Allerdings bleibt die Frage, wodurch der Infarkt hervorgerufen wurde. War heute Morgen alles wie immer? Oder hast du etwas Ungewöhnliches beobachtet?«

Hannelore sah unglücklich drein. »Das kann ich dir leider nicht sagen. Ich hatte gestern meinen freien Abend und bin über Nacht bei meiner Nichte in Bad Mergentheim geblieben. Sie hatte Geburtstag und mich zum Essen ins Restaurant Bundschu eingeladen.«

Elfriede nickte anerkennend, das Bundschu war über die Stadtgrenzen Bad Mergentheims hinaus für seine hervorragende regionale Küche bekannt.

»Es ist spät geworden und weil wir beide etwas Wein getrunken hatten, bin ich über Nacht bei ihr geblieben.« Sie zuckte die Schultern. »Das war aber von vornherein so geplant und mit dem jungen Herrn Krummbein abgesprochen. Er wollte sich um das Frühstück für seinen Vater selbst kümmern«, verteidigte sie sich.

»Wann bist du heute Vormittag hier angekommen?«, erkundigte sich Elfriede.

»Das war so gegen halb zehn. Der junge Herr war schon weg, er hatte einen Termin bei einem Kunden.«

Karsten Krummbein arbeitete als selbstständiger Versicherungsvertreter. »Ich bin direkt, als ich hier eingetroffen bin, ins Zimmer des Alten gegangen, weil ich das Frühstückstablett wieder abräumen wollte, und da habe ich ihn gefunden.« Sie schluchzte auf, zog ein Taschentuch hervor und putzte sich geräuschvoll die Nase, bevor sie fortfuhr. »Ich hatte gleich den Verdacht, dass er tot ist. Er saß regungslos und mit weit aufgerissenen Augen im Bett. Ich habe nach seinem Puls getastet. Nichts! Da habe ich den Doktor gerufen und natürlich Krummbein junior.«

»Und die Polizei? Hast auch du die verständigt?«

»Ja, das war ich. Der Alte hatte am Nachmittag einen Termin mit seinem Rechtsanwalt vereinbart, weil er angeblich sein Testament ändern wollte.« Sie zuckte die Schultern. »Er war kein angenehmer Mensch.«

Elfriede nickte. Hannelore hatte sich häufiger über den alten Griesgram beschwert. »Meinst du, Karsten könnte etwas mit seinem Tod zu tun haben? Wenn sein Vater ihn enterben wollte …«

»Damit hat der schon öfter gedroht und auch seinen Anwalt hat er einige Male herbestellt. Das ist eigentlich nichts Neues, aber möglich wäre es trotzdem. Vielleicht hatte Karsten einfach genug von seinen Spielchen.«

»Kann ich wohl einen Blick auf ihn werfen?«, wollte Elfriede wissen und erhob sich bereits.

»Wenn die Polizei nichts dagegen hat.« Hannelore folgte ihr zum Schlafzimmer des alten Herrn Krummbein.

Obwohl sich die Miss Marple vom Taubertal im Haus nicht auskannte, war der Weg dorthin einfach zu finden, denn die herumwuselnden Polizeibeamten hatten alle das gleiche Ziel.

Mit einem »Zutritt verboten« verwehrte einer von ihnen den beiden Frauen allerdings den Weg in den Raum, in dem sich der Tote nach wie vor befand. Elfriede reckte den Hals und erhaschte dennoch einen Blick: Der alte Krummbein saß in seinem Bett, die Augen weit aufgerissen, und neben sich auf dem Nachttisch stand immer noch sein Frühstückstablett. Im Zimmer waren zwei Beamte mit weißen Schutzanzügen damit beschäftigt, irgendwelche Spuren zu sichern. Gerade verstaute einer der beiden etwas Schwarzes in einer Papiertüte, die, im Gegensatz zu den Requisiten in den Fernsehfilmen, nicht durchsichtig war. Trotzdem erkannte Elfriede, dass es sich bei dem sichergestellten Teil um eine Art Feder handelte.

»Hat er sein Frühstück heute Morgen aufgegessen?«, erkundigte sie sich jetzt bei Hannelore.

»Wie es aussieht, ja. Es befanden sich nur noch ein paar Brotkrümel auf dem Teller und die Teekanne war fast leer«, antwortete die.

Einer der Polizisten bat sie nun, ins Wohnzimmer zu gehen, in dem bereits Karsten Krummbein saß und mit seiner Verlobten telefonierte.

»Kommen Sie bitte mit mir mit. Ich habe noch ein paar Fragen an Sie«, wandte sich dort eine Beamtin in Zivil, die sich als Kriminalhauptkommissarin ausgewiesen hatte, an Hannelore.

Die beiden Frauen verschwanden im anliegenden Büro von Karsten Krummbein und ließen diesen zusammen mit Elfriede und einem jungen uniformierten Polizisten zurück.

»Heute ist echt was los«, erzählte der Beamte. »Sonst passiert ja in unserem Ort rein gar nichts und jetzt gleich zwei Einsätze innerhalb eines halben Tages.«

Elfriede setzte sich aufrechter hin. »Was ist denn außer den Vorkommnissen hier noch geschehen?«, fragte sie und machte eine Kopfbewegung in Richtung des Schlafzimmers. Sollte ihr tatsächlich eine Straftat im Dorf entgangen sein?

»Im Heimatmuseum haben sie eingebrochen«, bekam sie zur Antwort. »Wahrscheinlich ein Dummer-Jungen-Streich.«

»So? Ist denn etwas gestohlen worden?«

»Nur ein paar nicht so wertvolle Ausstellungsstücke.« Der junge Mann kicherte. »Ein Zwergkaninchen, ein Feldhamster, ein Kolkrabe und ein Waldkäuzchen. Alles klein und handlich. Das war sicher ein Tierliebhaber. Oder ein Spinner.« Er lachte wieder. »Wahrscheinliche beides.«

Elfriede nickte. Das sogenannte »Heimatmuseum« bestand aus der Sammlung eines ehemaligen Studienrates, der im schönen Taubertal seinen Ruhestand genoss und mit einer bunt zusammengewürfelten Mischung ausgestopfter Tiere zur Bildung der Landbevölkerung beitragen wollte. Die Ausstellung befand sich in einem ehemaligen Ladenlokal im Ortsinneren. Einmal pro Woche veranstaltete der Studienrat a. D. eine Führung durch die Räume und erzählte etwas über seine Exponate. Besonders stolz war er auf ein lebensgroßes Wildschwein, das er von einem Jäger geschenkt bekommen hatte. Das Tier war bei seinem Tod schon sehr alt gewesen, weshalb der Waidmann sich von ihm und seinem Fleisch ohne Gegenleistung getrennt hatte. Elfriede empfand die Zurschaustellung toter Tiere eher als geschmacklos und sie überlegte, ob der Diebstahl das Werk von anderen Dorfbewohnern sein konnte, die ebenso dachten. Sie nahm sich vor, sich bei Gelegenheit im »Museum« umzusehen. Jetzt galt ihr Interesse eher dem Regal gegenüber dem Fernsehapparat. Sie erhob sich, um die darin befindlichen Bücher und altmodischen Videokassetten genauer zu betrachten.

»Sieh mal an«, staunte sie.

»Die gehörten alle Vater«, erklärte Karsten Krummbein, der sein Telefonat beendet hatte und neben sie getreten war.

Elfriede zog eines der Bücher hervor.

»Er liebte Agatha Christie«, kommentierte Krummbein junior.

In Gedanken gab sie ihm erstaunt recht. Da wurde ihr der Alte ja quasi post mortem noch sympathisch. Die Sammlung schien vollständig zu sein. Plötzlich bedauerte sie es, Arnold Krummbein nicht näher kennengelernt zu haben.

Neben dem kompletten Werk der Lady of Crime fanden sich Kassetten beinahe sämtlicher Filme Alfred Hitchcocks im Regal. Elfriede betrachtete sie ebenfalls näher.

Karsten Krummbein sah ihr über die Schulter. »Mein Vater hätte das nie geduldet.«

»Was?«

»Dass jemand seine Schätzchen durcheinanderbringt.«

Elfriede stellte die Videokassette, die sie in der Hand hielt, wieder zurück. »Es ist eine bemerkenswerte Sammlung. Und beinahe vollständig ...«

»Fast«, bestätigte er.

»Gibt es einen Grund, warum gerade einer seiner berühmtesten Filme fehlt?«, wollte Elfriede von ihm wissen.

Karsten Krummbein zuckte nur mit den Achseln.

*

Auf dem Heimweg stattete Elfriede dem zweiten mutmaßlichen Tatort im Dorf einen Besuch ab. Polizei war hier keine mehr vor Ort, stattdessen traf sie den selbst ernannten Museumsdirektor und Studienrat a. D. an, der ihr bereitwillig Auskunft gab.

»Die Ladentür war aufgebrochen.« Er zeigte Elfriede ein einfaches Schloss, bei dem vermutlich selbst sie imstande gewesen wäre, es mit einer Haarnadel zu öffnen.

»Wissen Sie«, erklärte der ehemalige Lehrer dann weiter und bat sie mit einer Handbewegung einzutreten,

»viele Kinder lieben meine Ausstellungsstücke. Die Jüngeren halten sie für Kuscheltiere.« Stolz führte er sie durch den ersten Raum mit vornehmlich kleinen Pelztieren und deutete auf zwei Lücken, wo die entwendeten Exponate gestanden hatten. »Nebenan befinden sich die größeren und vor allem wertvolleren Tiere, aber die sind zum Glück vollzählig.« Er öffnete kurz die Tür und Elfriede erhaschte einen Blick auf einen angestaubten Marder und eine dreibeinige Ziege. »Und auf der anderen Seite«, der alte Herr fuhr herum und durchmaß den Raum erneut, »ist das Vogelzimmer.« Er öffnete auch die Tür zu jenem Raum und sah sich Beifall heischend um.

Elfriede schluckte. Eine Vielzahl von Federvieh war hier versammelt und erinnerte sie an einen Hitchcock-Film. Ob das etwas zu bedeuten hatte? Nachdenklich verabschiedete sie sich von dem sichtlich enttäuschten Studienrat.

»Mein Prunkstück haben Sie ja noch gar nicht gesehen ...«

*

Am Abend erreichte sie der aufgeregte Anruf ihrer Freundin Hannelore. »Der junge Herr ist furchtbar aufgebracht. Angeblich ist eine halbe Million Euro aus dem Safe verschwunden.«

»Ist die Polizei schon da?«

»Er will sie nicht rufen. Offiziell gibt es das Geld gar nicht. Es war Schwarzgeld. Ich habe nur zufällig ein

Telefongespräch belauscht, sonst würde ich gar nichts davon wissen«, flüsterte Hannelore.

»Du hast nichts von dem Geld geahnt?«, wunderte sich Elfriede.

»Na ja, vermutet habe ich es. Der Alte hat den Banken noch nie über den Weg getraut und wenn es wirklich Schwarzgeld war, hat er ihnen das erst recht nicht überlassen. Als ich mal einen Blick in den Safe werfen konnte, ist mir ein Paket aus braunem Papier aufgefallen, das war mit groben Hanfstricken fest verschnürt. Und was ich so ab und an aus Gesprächen aufgeschnappt habe, da konnte ich mir meinen Teil schon denken.« Sie atmete tief durch. »Jedenfalls ist das Paket jetzt weg.«

»Wer hatte Zugang zu dem Safe?« Elfriedes Neugier war geweckt.

»Nur der alte Herr. Den Schlüssel hat er unter seinem Kopfkissen aufbewahrt und die Zahlenkombination dafür hat Karsten in seinem Nachttisch gefunden, nachdem die Polizei endlich verschwunden war. Der konnte es kaum abwarten, den Tresor zu öffnen«, entrüstete sich Hannelore.

»Vielleicht war es dann ein Raub«, dachte die Miss Marple vom Taubertal laut nach. »Irgendjemand hat sich Zugang zum Haus verschafft und ihn gezwungen, das Geld herauszugeben. Darüber hat er sich so aufgeregt, dass er einen Herzinfarkt erlitten hat.«

»Die Polizei meinte aber, dass es keinen Kampf oder etwas in der Art gegeben habe. Und so, wie ich den Alten kannte, hätte der sich zumindest gewehrt, wenn ein Einbrecher an sein Geld wollte«, zweifelte Hannelore an dieser Theorie. »Und wenn es so gewesen ist: Warum hat derjenige den Familienschmuck und die Goldmünzen nicht mitgenommen? Die waren nämlich noch drin im Safe.«

Nachdenklich spielte Elfriede mit einem Wollknäuel, das neben ihr in einem Körbchen lag. »Möglicherweise war es auch ganz anders.«

*

»Ist das Geld wieder aufgetaucht?«, wollte Elfriede von Hannelore am nächsten Vormittag wissen. Die beiden Frauen hatten sich beim Einkaufen im örtlichen Lebensmittelladen getroffen und hielten nun vor dessen Eingangstür noch ein kleines Schwätzchen. Hannelore hatte ihr gerade erzählt, dass ihr der junge Herr Krummbein zum nächsten Ersten gekündigt hatte. Ihre Dienste als Köchin seien ja jetzt nicht mehr vonnöten, denn er könne sich selbst versorgen. Außerdem würde er in Bälde zu seiner Verlobten ziehen und das Anwesen dann so schnell wie möglich verkaufen wollen.

Hannelore schüttelte den Kopf. »Die neueste Vermutung Karsten Krummbeins ist übrigens, dass der Alte das Päckchen im Garten versteckt hat. Er ist gerade dabei, alles abzusuchen und umzugraben.«

»Wie kommt er denn darauf?«, wunderte sich Elfriede.

»Er hat mich ausgefragt.« Die Köchin stellte die Einkaufstasche zwischen ihren Beinen ab. »Sein Vater war am Tag vor seinem Tod am Safe und hat etwas herausgenommen. Das habe ich mitbekommen. Allerdings habe ich nicht gesehen, was es war.«

Die Miss Marple vom Taubertal bedeutete ihrer Freundin mit einem aufmunternden Nicken weiterzureden.

»Er hat das, was er aus dem Safe geholt hat, in einer Umhängetasche verstaut und mit in den Garten genommen«, erzählte die. »Das hat er immer so gemacht, wenn er vorhatte, etwas nach draußen zu transportieren. So hatte er beide Hände frei für seine Krücken. Ich habe angenommen, dass in der Tasche Papiere waren, die er durchgehen wollte. Immerhin hatte er für den Folgetag einen Termin mit seinem Rechtsanwalt geplant. Aber es könnte auch dieses Paket drin gewesen sein.«

»Und das hast du seinem Sohn erzählt?«

»Ja. Er hat sich gezielt nach einem Paket erkundigt«, erinnerte sich Hannelore. »Wie gesagt, von dem Geld weiß ich offiziell nichts.«

Elfriede nickte. Sie hatte bereits im Internet recherchiert: Ein Stapel mit einer Million Euro in 500er-Scheinen maß gerade mal 22 Zentimeter und wog etwas mehr als zwei Kilo. Ein Päckchen mit der Hälfte dieser Summe war also durchaus handlich. »Aber warum sollte er es im Garten vergraben?«, fragte sie sich und ihre Freundin.

Die zuckte mit den Schultern. »Um seinem Sohn eins auszuwischen?«, schlug sie vor. »Er war ein gemeiner alter Griesgram. Vielleicht ahnte er, dass es mit ihm zu Ende gehen würde.«

Nachdenklich nickte Elfriede. »Ich würde gerne mehr über Arnold Krummbein erfahren. Darf ich dich zu einer Tasse Tee einladen?«

*

Am Nachmittag desselben Tages wurde Elfriede bei der Polizeiwache des Orts vorstellig und verlangte, den ermittelnden Beamten in der »Mordsache Krummbein« zu sprechen. Da man die Seniorin und ihre detektivischen Ambitionen dort kannte, reagierte man zunächst abwehrend. »Guten Tag, Frau Gelderlin, von einer, wie Sie sich ausdrücken, ›Mordsache‹ kann in diesem Fall nicht die Rede sein.«

»Genau deshalb sollten Sie mich anhören«, insistierte Elfriede. »Vielleicht ändern Sie dann Ihre Meinung.«

»Ob eine vorliegende Tat als Mord gewürdigt wird, entscheidet einzig und allein das Gericht, das hat nichts mit meiner Meinung zu tun.« Der Polizist war noch sehr jung und, so wie er klang, frisch von der Polizeischule.

Elfriede verkniff sich eine Entgegnung. Genau genommen hatte er ja recht.

»Wobei wir hier noch nicht einmal sicher wissen, ob dem Tod von Arnold Krummbein eine Straftat vorausgegangen ist«, gab der junge Mann weiter zum Besten.

»Gibt es denn schon Ergebnisse aus der Obduktion?«, wollte Elfriede wissen.

»Netter Versuch«, hörte sie jemanden hinter ihrem Rücken sagen. Sie kannte die Stimme von Polizeihauptmeisterin Wittekind. Die Beamtin musste soeben eingetreten sein. »Hallo, Frau Gelderlin«, grüßte sie. »Sie wissen doch, dass wir Ihnen keine Auskünfte erteilen können.«

»Das ist schade. Wobei ich Ihre Informationen genau genommen gar nicht mehr benötige. Ich denke, ich kann auch so beweisen, dass es Mord war. Und ich weiß außerdem, wer der Täter ist.«

*

Polizeihauptmeisterin Wittekind lächelte. Elfriedes Wangen glühten wie die eines reifen Cox Orange. Der Vergleich mit einer englischen Apfelsorte hätte ihr sicher gefallen, dachte Frau Wittekind weiter vor sich hin schmunzelnd, während sie den Vernehmungsraum begutachtete. Alles war vorbereitet und mit der Hilfe der Seniorin würde es ihnen hoffentlich gelingen, Karsten Krummbein des Mordes an seinem Vater zu überführen. Die dafür benötigte Requisite stand in Form einer ausgestopften Saatkrähe bereits auf dem Tisch. Der Leiter des Heimatmuseums hatte sie ihnen in Ermangelung eines Kolkraben zur Verfügung gestellt. Letzterer war ja nun mal gestohlen worden. Elfriede hatte befunden, dass die Saatkrähe für ihre Zwecke genügen würde, und der Blick Karsten Krummbeins beim Eintreten in den Raum gab ihr recht. Die Augen des Versicherungsvertreters weiteten sich. Er wurde leichenblass. Das entging der Polizeihauptmeisterin ebenso wenig wie den beiden uniformierten Beamten, dem zuständigen Staatsanwalt und

Elfriede Gelderlin. Dass die Miss Marple vom Taubertal ausnahmsweise bei der Vernehmung dabei sein durfte, verdankte sie Frau Wittekind, die die Staatsanwaltschaft von der Notwendigkeit hatte überzeugen können, eine Zivilperson bei dem Verhör zuzulassen.

Karsten Krummbein, der seinen Rechtsanwalt gleich mitgebracht hatte, ließ sich ohne Widerworte auf einem der Stühle gegenüber den vorgenannten Personen nieder.

Nachdem die Formalien geklärt waren, begann die Polizeihauptmeisterin mit der Vernehmung, indem sie Krummbein junior bat, die Ereignisse vom Todestag seines Vaters zu wiederholen.

»Das ist schnell und nebenbei bemerkt nicht das erste Mal gesagt. Ich habe bereits gestern alles zu Protokoll gegeben«, ließ der sich zunächst bitten.

»Würden Sie es bitte trotzdem wiederholen? Es gibt nämlich neue Erkenntnisse«, schaltete der Staatsanwalt sich ein.

Karsten Krummbein tauschte einen kurzen Blick mit seinem Rechtsbeistand und begann: »Ich bin gegen 7 Uhr aufgestanden, habe mich fertig gemacht und ein schnelles Frühstück zu mir genommen, danach habe ich nach meinem Vater gesehen.«

»Wann war das?«

»So gegen halb acht.«

»Wie wirkte ihr Vater da? War er nervös oder eher gut gelaunt?«

»Ha, gut gelaunt! Das wäre das erste Mal gewesen.« Karsten Krummbein lachte bitter auf. »Nein, er war schlechter Laune, wie immer. Hat mich gefragt, wo sein Frühstück bliebe.«

»Er hat sein Frühstück im Bett eingenommen?«

»Er hat *alle* Mahlzeiten im Bett eingenommen. Das Frühstück musste spätestens um acht aufgetragen werden. Mittagessen um Punkt zwölf und das Abendbrot um halb sieben. Wehe, man hat sich verspätet.«

»Wehe, *Hannelore* hat sich verspätet«, konnte Elfriede sich nicht verkneifen einzuwerfen.

»Ja, klar. Dafür hab ich sie schließlich bezahlt.« Krummbein junior schien seine übliche Arroganz wiedergefunden zu haben.

»Ihr *Vater* hat sie dafür bezahlt«, konterte Elfriede, was ihr einen warnenden Blick des Staatsanwalts einbrachte.

»Von meinem Erbe«, keifte Krummbein zurück.

»Am Mittwoch aber war Frau Wüstenberg nicht da und *Sie* haben Ihrem Vater das Frühstück gebracht. War damit alles in Ordnung?«

Konsterniert sah Krummbein die Polizeihauptmeisterin an. »Klar. Was soll damit falsch gewesen sein? Meinen Sie, ich habe ihn vergiftet? Das hätten Sie doch sicher inzwischen herausgefunden.«

»Ihr Vater hatte also nichts zu beanstanden?«, fragte Elfriede nach, diesmal nach einem zustimmenden Nicken des Vertreters der Anklage.

»Nein. Die Wüstenberg hat mir ja alles genau aufgeschrieben. Meinen Sie, ich bin zu blöd, ein Frühstück zuzubereiten?«

»Er hat sich also nicht beschwert, dass der Kandis auf seinem Tablett fehlte?« Elfriede war das gleich aufgefallen, als sie einen Blick ins Zimmer des Toten geworfen hatte.

»Nein, war wohl nicht so wichtig«, überspielte Krummbein seine aufkommende Unsicherheit.

Elfriede zog die Augenbrauen hoch und wechselte abrupt das Thema. »Ihr Vater war ein großer Krimifan«, sagte sie, der Staatsanwalt ließ sie wiederum gewähren.

»Ja, und?«, bestätigte Krummbein.

»Neben sämtlichen Büchern der von mir hochverehrten Agatha Christie hatte er auch alle Verfilmungen auf Videokassetten.«

»Ja, er hatte noch so ein altmodisches Gerät.« Krummbein zuckte verächtlich mit den Schultern. »Wenn Sie scharf auf die Kassetten sind, bitte, ich würde sie eh wegschmeißen.«

Elfriede ging nicht darauf ein. »Außerdem hatte er eine nahezu komplette Sammlung der Filme Alfred Hitchcocks. Es fehlte eigentlich nur ein einziger.«

Krummbeins Blick irrte unruhig durch den Raum.

»Gibt es da etwas, das ich wissen sollte?«, raunte sein Anwalt ihm zu.

»Die Vögel!«, sprach Elfriede weiter. »Dieser Film, in dem immer mehr Vögel sich zusammenrotten und die Menschen bedrohen.«

»Er mochte die Viecher halt nicht. Was hat das mit seinem Tod zu tun?«, unterbrach Krummbein sie barsch.

»Weil Ihr Vater eine panische Angst vor Vögeln, insbesondere vor Raben hatte. Frau Wüstenberg hat mir das bestätigt. Seine Furcht ging so weit, dass er ihr verboten hat, ein Vogelhäuschen im Garten aufzustellen. Und ist es nicht ein komischer Zufall, dass ausgerechnet am Abend vor seinem Tod im Heimatmuseum unter anderem ein Kolkrabe gestohlen wurde?«

»Wenn schon. Wie Sie selbst sagen: Zufall! Das war ein Dummer-Jungen-Streich, ich habe damit nichts …«, begann Krummbein, aber sein Rechtsbeistand legte ihm die Hand auf den Arm und brachte ihn damit zum Schweigen.

»Dann ist es also auch ein Zufall«, schaltete sich nun Frau Wittekind wieder ein, »dass wir eine schwarze Feder im Schlafzimmer Ihres Vaters gefunden haben?«

»Sie neugierige alte Vettel!«, kreischte Krummbein Elfriede entgegen. »Wenn Sie Ihre Nase nicht in anderer Leute Angelegenheiten stecken würden, dann …«

»Dann?«, wollte die so Angesprochene wissen.

Jetzt mischte sich der Staatsanwalt ein: »Karsten Krummbein, ich verhafte Sie wegen des dringenden Verdachts der vorsätzlichen Tötung zum Nachteil Ihres Vaters Arnold Krummbein.«

Elfriede Gelderlin verfolgte jedes seiner Worte mit blitzenden Augen und stolzgeschwellter Brust. Die Miss Marple vom Taubertal hatte ihren ersten Mordfall gelöst.

*

»Sabrina, wie schön, dass du wieder da bist.« Fröhlich hüpfte der fünfjährige Jonas seiner Erzieherin entgegen.

Die junge Frau lächelte glücklich. Von dem unseligen Treppensturz zeugte nur mehr ein Pflaster an der Stirn und eine Narbe am Oberarm.

»Herzlich willkommen zurück«, begrüßte nun auch die Leiterin der Kindertagesstätte ihre Mitarbeiterin. Um ihren Mund spielte ein wehmütiger Zug. Seit dem Unfall war ein Großteil des Gebäudes für die Nutzung gesperrt und der Einrichtung drohte die Schließung, wenn nicht genug Geld für die Sanierung zusammenkommen würde. Jetzt, im Sommer, konnten sie mit den Kindern noch aufs Freigelände ausweichen. Aber wie würde das in Zukunft werden? Sie verbot es sich, in diesem Augenblick daran zu denken, und folgte Sabrina und Jonas, der seine geliebte Erzieherin an der Hand gefasst hatte und bereits in den Vorraum zog.

Hier standen die restlichen Mitarbeiterinnen und der männliche Kollege zusammen mit den Kindern und überreichten Sabrina einen riesigen Blumenstrauß und einen Gutschein für einen Besuch des Freilichttheaters in Röttingen. Dort wurden jeden Sommer vor der malerischen Kulisse der Burg Brattenstein verschiedenste Stücke für Jung und Alt aufgeführt. Dabei waren nicht nur bekannte Stars, sondern halb Röttingen involviert.

»Die Eltern und wir haben gesammelt«, erklärte die Chefin und alle umarmten die Genesene.

»Ich hab auch noch was«, drängelte sich Jonas dazwischen. »Komm, es liegt in deinem Fach.« Er zerrte Sabrina weiter.

»Was ist das denn?«, wollte die lachend wissen.

»Ich weiß es nicht so genau«, musste Jonas zugeben. »Aber der alte Mann, der am Dorfrand wohnt, hat es mir gegeben. Er hat gesagt, ich soll es dir persönlich überreichen«, erklärte er aufgeregt. »Da ist was für den Kindergarten drin, hat er gesagt.« Stolz deutete er auf ein kleines Paket aus braunem Packpapier, fest verschnürt mit groben Hanfstricken.

14 – WIE MAN'S NIMMT
(ROTHENBURG OB DER TAUBER; ALTSTADT)

Natürlich war es eine Ausrede. Aber Max redete sich gerne damit heraus, dass er gar nicht anders könne. Dass es sich quasi um eine genetisch bedingte Veranlagung handele. Beim letzten Mal hatte ihm die Staatsanwaltschaft das allerdings nicht mehr so recht glauben wollen. Eine prall gefüllte Brieftasche sei schließlich etwas anderes als ein Räuchermännchen vom Käthe-Wohlfahrt-Christkindlmarkt. Er war zwar noch einmal mit einer Bewährung davongekommen, doch der Richter kannte ihn schon länger und warnte ihn: »Wenn Sie so weitermachen, dann wandern Sie direkt ins Gefängnis.«

»Gehen Sie direkt ins Gefängnis, gehen Sie nicht über Los. Vor allem: Ziehen Sie keine 4.000 Euro ein«, wisperte sein Anwalt mit einem Grinsen. Dieser Winkeladvokat nahm ihn offenbar nicht mehr richtig ernst. Es war wohl an der Zeit, ihn auszutauschen. Andererseits kannte Dr. jur. Karl Weber ihn und seine Familiengeschichte besser als jeder andere. Da musste ihm vielleicht ein gewisser Zynismus gestattet sein, nahm Max ihn wiederum gedanklich in Schutz.

»Mit Ihrer Großmutter brauchen wir denen beim nächsten Mal jedenfalls nicht mehr zu kommen«, hatte

Weber ihm erklärt, als sie sich nach der Verhandlung vorm Gerichtsgebäude verabschiedet hatten.

Ach ja, Oma Hilde, seine Großmutter mütterlicherseits. Sie litt an Kleptomanie. Das heißt, leiden tat eigentlich eher ihr Umfeld. Oma Hilde selber war nicht nur hochzufrieden mit dem Ergebnis ihrer »besonderen Begabung«, wie sie ihre Krankheit nannte, sowie mit deren Ausbeute, sondern sie war sich vor allem keiner Schuld bewusst. Reue hatte sie vielleicht in früherer Zeit gezeigt, doch das war vorbei.

Angefangen hatte bei ihr alles mit kleineren Diebstählen in der Nachkriegszeit. Meistens war es um Lebensmittel gegangen, die sie direkt verzehrte. Mundraub also und, wie ihr Therapeut später erklärt hatte, damals noch keine Kleptomanie im klassischen Sinne. Eher war die Not und die kreative Art, wie Hilde diese gelindert hatte, vermutlich der Auslöser für ihr pathologisches Stehlen. Wenn sie sich auf illegale Weise etwas zu essen beschafft hatte, so war das Ergebnis stets etwas Positives gewesen: Sie war satt geworden oder hatte mit dem Diebesgut jemandem eine Freude machen können. Später, in ihrer Ehe, musste sie wohl versucht haben, dieses angenehme Gefühl und die Bestätigung, die sie dadurch erhalten hatte, wiederzuerlangen.

Damals ging es dann mit Weingläsern, Aschenbechern und Schlüsselanhängern aus Restaurants oder von Geschäftsfreunden ihres Mannes weiter. Wenn auch bei diesen Delikten die positive Rückmeldung ausblieb, so bekam sie auf jeden Fall eines: Aufmerksamkeit.

Und damit es so bliebe, wurden die Dinge, die sie mitgehen ließ, immer skurriler: Vom Rasierschaum über ein Vakuumiergerät bis hin zur Großpackung Nieren- und Blasentee war alles dabei.

Schließlich unterzog sie sich, gedrängt von ihrem Ehemann und ihren beiden inzwischen beinahe erwachsenen Kindern, einer Therapie. In deren Folge verzichtete sie auf Supermarktbesuche und Shoppingtouren und es kam nur noch gelegentlich zu kleinen Rückfällen: Einmal ließ sie beim Nachbarn die Fernbedienung für dessen Treppenlift mitgehen, ein anderes Mal mopste sie dem Paketboten die Mütze aus seinem Wagen.

Die Zeit ging dahin. Tochter und Sohn verließen das Haus und gründeten eigene Familien. Ihr Mann setzte sich zur Ruhe und erlitt kurze Zeit später einen Herzinfarkt. Hilde pflegte ihn, bis der zweite Infarkt ihn dahinraffte. Nach seiner Beerdigung vermisste der Pfarrer sein Beffchen, doch das hatte er möglicherweise selbst verschusselt. Der Kragen tauchte jedenfalls nie wieder auf.

Kurz nach der Trauerfeier seines Großvaters begann Enkelsohn Max seine eigene kriminelle Karriere. Als er das erste Mal beim Ladendiebstahl erwischt wurde, war die Aufregung seiner Eltern groß. Der Anwalt der Familie sorgte allerdings dafür, dass sie sich bald wieder legte.

Beim zweiten Mal ließen Max und der Rechtsanwalt die Familie sicherheitshalber gleich im Unklaren, um was es bei dem Gerichtstermin tatsächlich ging. Von einer Zeugenaussage war offiziell die Rede.

Beim dritten Mal wusste außer Max und Dr. Weber niemand davon, dass überhaupt ein Termin bei Gericht anstand. Mit dem Hinweis auf die kleptomanische Großmutter hatte ihn der Rechtsbeistand bei diesem ebenfalls wieder zügig rauspauken können.

Danach wurde es schwerer, aber Max wurde auch vorsichtiger und musste die Dienste des Advokaten immer seltener in Anspruch nehmen.

*

Rothenburg ob der Tauber.

»Berüchtigte Verbrecher der 20er-Jahre«.

Eine Sonderausstellung zu diesem spannenden Thema ist bereits seit dem 01. Juni des Jahres im Mittelalterlichen Kriminalmuseum der Stadt Rothenburg zu bewundern. Und nun wird die außergewöhnliche Ausstellung um eine weitere Attraktion reicher. Ein privater Sammler stellt den berühmten Brillantring, eines der Markenzeichen des amerikanischen Gangsterbosses Al Capone, als Leihgabe zur Verfügung. Besucher können das wertvolle Schmuckstück, das der auch unter dem Spitznamen »Scarface« (deutsch: Narbengesicht) bekannte Verbrecher stets an seinem kleinen Finger trug, ab dem Donnerstag der kommenden Woche bewundern. Dann wird es im Rahmen einer kleinen Feierstunde in den Räumen des Museums in der Burggasse vom Leiter der renommierten Privatklinik Tauberperle Prof. Dr. Kurt Wittig an die Organisatorin der Ausstellung Karla Frey übergeben.

Prof. Dr. Kurt Wittig, der den Ring im Rahmen einer Auktion des traditionsreichen Auktionshauses Sothebys in New York erworben hat, lebt mit seiner dritten Frau in einer Villa im Landhausstil in der Nähe Rothenburgs. Mit seiner großzügigen Leihgabe möchte der gebürtige Nürnberger wenigstens ein kleines bisschen an die Menschen in der Region zurückgeben, die ihn hier so herzlich aufgenommen haben, so Wittig in einem Interview.

*

»Dieser Arsch!« Wütend schlug Marius Kantholz die Zeitung zu.

»Schnurzi, was ist denn los? Haben die bösen Buben von der Zeitung dich geärgert?« Seine aktuelle Lebensabschnittsgefährtin Corinna Scharwinski, genannt Coki, sah ihn mit treuherzigem Blick über den Frühstückstisch hinweg an.

»Dieser Wittig-Wicht hat mir den Capone-Ring vor der Nase weggeschnappt!« Kantholz und Wittig waren beide leidenschaftliche Sammler von Devotionalien berühmter Verbrecher. Kantholz hatte das Buch, in dem der berüchtigte Drogenboss Pablo Escobar seinerzeit eine Pistole geschmuggelt hatte, direkt vor den Augen des Klinikleiters erbeutet. Dafür war Wittig ihm bei der Ersteigerung des Assisi-Heiligenbilds zuvorgekommen, das angeblich einem führenden Mitglied der Cosa Nostra gehört hatte.

Beide versuchten sich regelmäßig zu überbieten, wenn wieder ein neues Stück auftauchte, und sie hatten bereits viel Geld in diese Leidenschaft investiert. Dabei war es schon lange nicht mehr nur die bloße Begeisterung an den teils skurrilen Stücken, die sie antrieb. Nein, das Ganze hatte sich zu einem Wettstreit ausgewachsen, der mit zunehmender Erbitterung geführt wurde. Da war es natürlich auch nur das halbe Vergnügen, wenn der Gegner von der neuesten Errungenschaft nichts erfuhr. Kantholz war überzeugt, dass das der wahre Grund für die großzügige und werbewirksame Geste von Kurt Wittig war, den Ring dem Kriminalmuseum als Leihgabe zur Verfügung zu stellen.

»Oh, ein Ring? Für mich? Kapon? Was bedeutet das? Ist das ein besonders wertvoller Diamant?« Coki schlug sich begeistert mit der Hand auf die aufgepolsterten Lippen.

Marius Kantholz brummte nur. Coki hatte zwar ihre Vorzüge, doch die lagen nicht in ihrem geistreichen Wesen. Er schnappte sich sein Handy, das neben seiner Kaffeetasse lag, und erhob sich.

»Sag doch!«, rief Coki ihm hinterher, während er auf dem Display herumwischte und mit dem Mobiltelefon am Ohr den Raum verließ. »Oder ist das eine Überraschung?«, fragte seine Lebensgefährtin die ins Schloss fallende Tür. »Ich liebe Überraschungen!«

*

Rothenburg ob der Tauber. Ein besonders dreister Diebstahl erschüttert Bewohner und Besucher der bekannten mittelfränkischen Kleinstadt gleichermaßen. In der Nacht zum Sonntag verschafften sich Unbekannte Zutritt zu dem Anwesen des Klinikleiters und Kunstmäzens Prof. Dr. Kurt Wittig in der Gemeinde Neusitz. Dort entwendeten sie den berühmten Brillantring von Al Capone, den W. dem Kriminalmuseum von Rothenburg als Leihgabe für eine Sonderausstellung zur Verfügung stellen wollte.

✳

»Wie konnte das passieren? Alles Dilettanten! Warum zahle ich euch eigentlich so viel Geld?« Prof. Dr. Kurt Wittig war außer sich.

Der Chef der Sicherheitsfirma Sulemann verschränkte die Arme vor der Brust. »Tut mir leid. Sie hätten uns informieren müssen, dass sich der Ring in Ihren Privaträumen befindet und nicht in Ihrem Bankschließfach.«

»Lesen Sie keine Zeitung?«, brüllte der Leiter der Tauberperle ungehalten. »Jeder Kleinganove wusste das!«

»Unser Vertrag sieht keine Bewachung Ihrer Villa durch unser Personal vor«, ging Sulemann nicht auf seinen Vorwurf ein. »Für den Hausgebrauch«, er malte mit den Fingern Anführungszeichen in die Luft, »sollte das ausgearbeitete Sicherheitskonzept und die Alarmanlage ausreichen ...«

»Die ja wohl *ebenfalls* versagt hat!«, fiel Wittig ihm ins Wort.

»War die denn überhaupt an? Sie befanden sich schließlich im Haus.«

Wittig schnaubte nur wütend und der Securitychef verkniff sich einen weiteren Kommentar. Tatsächlich hatte Sulemann den Verdacht, dass es einen Maulwurf in seinen Reihen gab, denn ohne Kenntnis der Örtlichkeiten wäre der Zugang zur Wittig-Villa auch bei ausgeschalteter Alarmanlage und dem fehlenden Wachpersonal vor Ort nicht so einfach möglich gewesen.

»Ich will, dass Sie mir den Ring zurückholen«, forderte der Klinik-Leiter unvermittelt.

»*Das* gehört nun wirklich nicht zu unseren Aufgaben.«

»Ist mir scheißegal!« Wittig schien vollends die Beherrschung verloren zu haben und seine Manieren gleich mit. »*Der* versaut mir die feierliche Übergabe am Donnerstag nicht.«

»Der?«

»Klar, das weiß doch jeder, wer für diese Dreistigkeit verantwortlich ist.«

»Äh, Sie meinen …«

»Kantholz«, spuckte Wittig den Namen regelrecht aus. »Dieser Zuhälter! Holen Sie mir den Ring zurück oder ich erzähle allen, die es wissen wollen, wie unfähig ihre Security-Firma ist.«

»Das ist Rufmord«, versuchte Sulemann, den unseriösen »Auftrag« abzulehnen. »Dagegen verwehre ich mich aufs Schärfste!« Mit Kantholz wollte er sich nun wirklich nicht anlegen.

»Dagegen verwehre ich mich aufs Schärfste!«, äffte Wittig ihn nach. »Sind Sie Boss eines Security-Imperiums oder eine Heulsuse? Mittwochabend habe ich den Ring wieder, ansonsten stehen Sie am Donnerstag auf der Titelseite! Und das wird kein angenehmer Bericht. Ich sorge dafür, dass Sie im gesamten Tauberfranken-Raum keinen Fuß mehr in irgendeine Tür bekommen.«

*

Rothenburg ob der Tauber. Die für den heutigen Abend geplante Feierstunde im Mittelalterlichen Kriminalmuseum anlässlich der Übergabe des Al-Capone-Brillantrings durch den Kunstsammler Prof. Dr. Kurt Wittig muss leider ausfallen. Der Ring wurde am vergangenen Sonntag aus Wittigs Privaträumen gestohlen. Seither fehlt von ihm jede Spur. Wittig erhebt schwere Vorwürfe gegen das von ihm beauftragte Security-Unternehmen, das den Raub der Preziose nicht verhindern hatte können. »Das wird ein Nachspiel haben!«, äußerte er gegenüber den Fränkischen Nachrichten, von Klage und Entzug der Gewerbeerlaubnis war außerdem die Rede.

Ebenfalls schwere Vorwürfe hatte er zuvor bereits gegen den Kunstsammler und Geschäftsmann Marius Kantholz erhoben, der einen Saunaklub in der Nähe von Würzburg betreibt. Wittig bezichtigte ihn des Diebstahls, da er gleichfalls großes Interesse an dem Ring gezeigt haben soll. Der Klub-Betreiber wiederum gab sich, auf die Vorwürfe angesprochen, gelassen. Er wolle von einer Anzeige gegen diesen »hyperaktiven Wichtigtuer«, wie er Wittig nannte, absehen, immerhin habe er, Kantholz, ein reines Gewissen. Um dies zu unterstreichen und seine Unschuld zu beweisen, setzte er außerdem eine Belohnung von 2.000 Euro für jene Person aus, die den Diamantring wiederbeschaffen könne. Prof. Dr. Wittig war ob dieser großzügigen Geste gegenüber der Presse zu keinem Kommentar bereit.

*

Marius Kantholz köpfte die handgerollte Zigarre mit seinem Cutter und entzündete sie an einem Streichholz. Langsam sog er den aromatischen Rauch ein. Dabei hielt er den kleinen Finger leicht abgespreizt. Normalerweise empfand er so eine Handhaltung als »tuntenhaft«, wie er sich ausdrückte, aber jetzt war er allein. Und so konnte er den Ring während des Paffens sehen. *Den* Ring. Er hatte nicht widerstehen können und ihn sich über den kleinen Finger gestreift, um dann eine Zigarre zu genießen. Was für ein Gefühl! Schade, dass das Wittig nicht sehen konnte. Allerdings war er sich sicher, dass sein Konkurrent genau wusste, wo sich der Ring befand. Er grinste schadenfroh, während er langsam den Rauch aus seiner Mundhöhle strömen ließ. Die feierliche Übergabe des Schmuckstücks, die vor drei Tagen hätte stattfinden sollen, hatte er jedenfalls erfolgreich torpediert.

Wittig zeterte immer noch darüber in der Zeitung und zog über Kantholz und das zuständige Security-Unternehmen her. Doch so langsam schien selbst die Presse das Interesse an seinem Gemecker zu verlieren. Dass er, Kantholz, eine Belohnung für die Wiederbeschaffung des Rings ausgesetzt hatte, wurmte Wittig besonders. Kantholz lachte hämisch. Da konnte er großzügig sein, der Ring würde ja nicht mehr auftauchen. Er betrachtete das glitzernde Schmuckstück aus dem Augenwinkel heraus und zog genüsslich an seiner Cohiba.

»Schnurzi, rauchst du etwa schon wieder?«, hörte er Cokis Stimme hinter seiner verschlossenen Bürotür.

Die Frau war eine Blitzmerkerin.

»Du weißt doch, was der Doktor gesagt hat. Du musst aufhören, das bringt dich sonst um.« Sie rüttelte am Türgriff. »Schnurzi, lass mich rein! Schnuuuurzi! Hörst du mich?«

»Wie könnte ich dich überhören?«, murmelte er vor sich hin. Diese Frau war in der Lage, einem wirklich jegliche Sinnenfreude zu vermiesen. Jetzt klopfte sie auch noch heftig, nur für den Fall, dass er plötzlich taub geworden wäre. Er machte sich in Gedanken eine Notiz, die Tür zu polstern. Und der Rahmen musste ebenfalls abgedichtet werden, damit sie es das nächste Mal gar nicht mitbekäme, wenn er sich eine Zigarre genehmigte.

»Schnurzi! Mach endlich diese blöde Tür auf!«

Der Genuss an der edlen Cohiba war ihm vergangen. Er legte sie in den Aschenbecher, um sie ausgehen zu lassen. Sie auszudrücken, brachte er nicht übers Herz.

Dann erhob er sich und drehte den Türschlüssel um. Dabei fiel ihm der Brillantring an seinem kleinen Finger wieder ein. Er streifte ihn eilig ab und ließ ihn in die Zigarrenkiste gleiten. Coki trat bereits ins Zimmer und hustete demonstrativ, als er sich schnell wieder in seinen Bürostuhl warf.

Blöde Gans, dachte er. So schlimm war der Qualm nun wirklich nicht, aber seine Lebensgefährtin ging schnurstracks ans Fenster. Während sie es öffnete, schloss er unauffällig den Deckel seiner Zigarrenkiste. Sie plapperte vor sich hin. »Das bringt dich noch ins Grab. Und was wird dann aus mir? Du hast versprochen, dass wir im Sommer heiraten. Was ist, wenn du vorher stirbst? Wenn du stirbst, habe ich gar nichts.«

Die Frau war wirklich dümmer, als die Polizei erlaubte. Solche Gedanken laut auszusprechen! *Die* werde ich sicher niemals heiraten, ging es ihm durch den Sinn. Laut sagte er: »Und wenn wir verheiratet sind, darf ich mich dann zu Tode rauchen?«

»Ja«, rutschte es Coki heraus, bevor schließlich auch ihr klar wurde, was sie da gesagt hatte. »Äh, ach nein, Schnurzelchen, so meine ich das doch nicht.« Sie trat hinter ihn, legte ihre Hände um seinen Oberkörper und presste die üppigen Brüste an seinen Rücken.

Zu seiner eigenen Überraschung spürte er keinerlei Erregung. Entweder war er durchs Rauchen impotent geworden – er lachte selber über den Gedanken – oder …

»Über was lachst du, Schnurzi?«

»Nenn mich nicht Schnurzi, da vergeht einem ja alles.«

»Wirklich alles?«, hauchte sie ihm ins Ohr und versuchte, sein Ohrläppchen mit der Zunge zu bearbeiten.

Er entwand sich ihr und stand auf. »Ich hab einen Termin«, verkündete er und verließ fluchtartig sein Büro.

*

Kaum war er draußen, setzte sich Coki auf seinen Schreibtischstuhl und drückte die noch qualmende Zigarre aus. »Schnurzi, Schnurzi, Schnurzi«, sang sie dabei vor sich hin. »Hast du etwa Geheimnisse vor mir?« Sie öffnete die Zigarrenkiste. Ihre Augen weiteten sich. »Du bist ja süß!«, rief sie aus und steckte sich den klobigen Brillantring an den Finger.

*

Seit Max' Großvater gestorben war, hatte Dr. Weber, der Familienanwalt, wieder öfter mit Oma Hilde, der Polizei und diversen mehr oder weniger verständnisvollen Ladenbesitzern zu tun. Max vermutete als Grund dafür, dass seiner Oma langweilig war, seine Eltern, Hildes Sohn und ihre Schwiegertochter dagegen, dass sie allmählich dement wurde.

Auf jeden Fall quartierte man Hilde in ein Seniorenstift um. Und weil es dort öfter vorkam, dass Gebisse verlegt wurden oder Stützstrümpfe verschwanden, schöpfte niemand weiteren Verdacht, wenn sich mal wieder zu so ein Vorfall ereignete.

Genauso wenig wie bei Max' gelegentlichen Terminen mit Dr. Weber. Max behauptete, seinen Lebensunterhalt inzwischen durch Spekulationen an der Börse zu verdienen und dafür manches Mal anwaltlichen Rat zu benötigen. Er spekulierte zwar tatsächlich ab und zu, aber einen Großteil seiner Einnahmen bezog er nach wie vor aus Taschendiebstählen und Einbrüchen. Er konnte nicht anders. Für seine Angehörigen war er der erfolgreiche Broker. Beim Familienanwalt Dr. Weber verließ er sich auf die Schweigepflicht.

Am liebsten mischte Max sich unters Touristenvolk im nahen Rothenburg ob der Tauber. Hierher kamen täglich unzählige Menschen, die durch die mittelalterliche Altstadt schlenderten, sich vor dem beliebtesten Fotomotiv, dem Plönlein, ablichten ließen, die Jakobskirche oder die Historiengewölbe unter dem historischen Rathaustrakt besichtigten, im Burggarten Ruhe suchten oder dem Christkindlmarkt einen Besuch abstatteten. Sein persönlicher Favorit war übrigens das Kriminalmuseum im Gebäude des einstigen Johanniterklosters. Nicht zu vergessen die vielen Cafés und Restaurants. Überall drängten sich Touristen, die durch die zahlreichen Sehenswürdigkeiten abgelenkt waren und bei denen das Geld in mehrerlei Hinsicht locker saß.

Und Geld faszinierte Max einfach, deshalb griff er immer wieder zu.

Die Einzige, die vielleicht von seiner wirklichen Einnahmequelle etwas ahnte, war Oma Hilde. Sie machte da so gewisse Andeutungen, wenn er sie alle paar Wochen, immer sonntags, zu einem Ausflug in die Umgebung abholte. Doch falls sie ihren Verdacht gegenüber dem Rest der Familie tatsächlich ebenfalls aussprach, nahm man dort ihr Gerede offenbar nicht ernst. Immerhin galt sie ja als dement.

*

Ungeduldig zeigte der Restaurantleiter auf seine Armbanduhr, als Samuel Bergmann zur Arbeit kam. »Wo bleibst du denn?«

»Entschuldigung! Mein Auto ist doch kaputt und der Bus hatte Verspätung.«

Sein Chef knurrte und enthielt sich eines weiteren Kommentars. Samuel war normalerweise ein pünktlicher Mitarbeiter, da wollte er ihm diese Nachlässigkeit einmal durchgehen lassen. Er reichte ihm die Arbeitsweste mit dem Logo seines Gasthauses und nickte ihm auffordernd zu.

Samuel murmelte ein Dankeswort. Er war froh, dass der Leiter des Nobelrestaurants so entspannt reagierte, denn er brauchte den Verdienst als Aushilfskellner, um sein Studium zu finanzieren. Und ausgerechnet jetzt hatte sein Wagen den Geist aufgegeben und in der Werkstatt hatte man ihm gesagt, dass er bei der Reparatur mit Kosten zwischen 1.200 und 1.500 Euro rechnen müsste. Er seufzte tief. Er hatte den Wagen von seinen Eltern geschenkt bekommen, als er angefangen hatte zu studieren, aber von deren Seite konnte er nun keine Unterstützung mehr erwarten. Sein Vater war vor Kurzem arbeitslos geworden und außerdem hatte sein Bruder gerade ebenfalls sein Studium aufgenommen. Ohne fahrbaren Untersatz wiederum war Samuel aufgeschmissen und konnte seinen diversen Jobs zur Finanzierung des Studiums nicht mehr nachkommen. Ein Teufelskreis also. Deshalb hatte er schließlich von dem Angebot der Werkstatt zur Ratenzahlung Gebrauch gemacht und hoffte, dass er es schaffen würde, die monatlichen Zahlungen irgendwie zusammenzukratzen, wenn er noch sparsamer haushaltete. Auf keinen Fall konnte er es sich erlauben, die Stelle hier im Restaurant zu verlieren. Die Schicht wie heute am Sonntag zur Mittagszeit war besonders lukrativ. Die Gäste wechselten mittags häufiger als abends und von jedem neuen »Tisch« bekam man gute Trinkgelder, immerhin handelte es sich um ein Gourmetrestaurant und die Klientel war entsprechend. Schnell schlüpfte er in seine Dienstweste, schnappte sich eine Speisekarte und betrat den Gastraum.

Dort steuerte er direkt einen »seiner« Tische an, an dem die Gäste soeben Platz nahmen. Er rückte der ältesten Dame den Stuhl zurecht. »Guten Tag, die Herrschaften. Mein Name ist Samuel und ich bin heute Mittag für Ihr leibliches Wohl zuständig«, stellte er sich dabei vor. »Haben Sie vielleicht schon einen Wunsch zum Aperitif?«

*

»Ach, war das lecker! Und so ein schönes Ambiente!«
Oma Hilde sah sich mit leuchtenden Augen im Lokal
um.

»Ja, das war wirklich wieder sehr köstlich«, gab Max
ihr recht. Sein eigener Blick in die Runde des Gast-
raums war allerdings eher misstrauisch. Am Nebentisch
hatte er ausgerechnet den bei seiner letzten Verhandlung eingesetzten Richter entdeckt, der ihn in deren
Verlauf nicht zum ersten, aber, wie er am Ende derselben betont hatte, zum *allerletzten* Mal mit einer Bewährung hatte davonkommen lassen. Der Jurist hatte Max
scheinbar ebenfalls erkannt, denn er nickte ihm grüßend
zu. Max fühlte sich beobachtet und äußerst unwohl, saß
er doch genau in dessen Blickfeld. Am liebsten hätte er
das Lokal sofort nach dem exzellenten Steak verlassen,
doch seine Großmutter wollte unbedingt noch einen
Nachtisch. Der Richter und seine Familie machten leider
genauso wenig Anstalten aufzubrechen. Oma Hilde ließ
sich gemächlich ihr Dessert schmecken. Nervös rührte
Max in seiner Kaffeetasse. Sein Unbehagen wuchs von
Minute zu Minute.

Heute befand sich überhaupt ein eigenartiges Publi-
kum in seinem Lieblingsrestaurant. Die Frau hinter ihm
zum Beispiel redete affektiert und mit schriller Stimme
auf ihre mit am Tisch sitzende Freundin ein: »Das habe
ich in Schnurzelchens Zigarrenkiste gefunden. Schau
mal! Was meinst du, ist das ein Verlobungsring?«

»Oh, wie schön!« Der Ausruf der anderen Frau war
im gesamten Restaurant zu hören. »Der ist ja riesig!«

»Schnurzel ist ein ganz Lieber«, bestätigte ihre Freundin nicht minder laut. »Und so großzügig. Ich denke, er wird mir bald einen Antrag machen.«

Max verdrehte die Augen.

Endlich hatte Oma Hilde ihr Zitronensorbet verspeist. Sie griff nach ihrer Handtasche. »Junge, ich mache mich noch ein bisschen frisch und dann lassen wir die Rechnung kommen. Du bist selbstverständlich eingeladen.« Damit erhob sie sich und steuerte auf die Waschräume zu.

Das konnte dauern. »Zahlen«, setzte Max sich über ihre Einladung hinweg. Er winkte dem Kellner, kaum dass seine Großmutter ihm den Rücken zugewandt hatte. Er wollte so schnell wie möglich von hier verschwinden. Der Richter schien ihn nach wie vor nicht aus den Augen zu lassen.

Am Tisch der beiden Frauen hinter ihm war es ruhig geworden.

Die Rechnung kam. Max beglich sie. Ungeduldig beobachtete er dann die Tür zu den Waschräumen. Wie meistens ließ sich Oma Hilde Zeit.

Schließlich entdeckte er sie. Sie bahnte sich langsam ihren Weg zu ihm zurück durchs Restaurant. Dabei blieb sie immer wieder an einem der Tische stehen und kommentierte das Essen der Gäste auf deren Tellern. »Das sieht aber köstlich aus« und »Gute Wahl!«

Eine gefühlte Ewigkeit später stand sie vor ihm. »Hach, es ist wirklich schön hier!«

Max wäre am liebsten sofort aufgebrochen, doch bevor er seine Großmutter daran hindern konnte, ließ die sich wieder ihm gegenüber nieder und verkündete stolz: »Schau mal, was ich dir mitgebracht habe.« Sie öffnete ihre zur Faust geschlossene Rechte und etwas Glitzerndes fiel vor ihm auf den Tisch.

Ein Adrenalinstoß durchfuhr Max, als er erkannte, was da lag. Japsend schnappte er nach Luft. »Was ...« Er konnte es nicht fassen, denn das glitzernde Etwas war Al Capones Brillantring. Gerade gestern hatte er eine Abbildung davon in der Zeitung gesehen, zusammen mit einem ausführlichen Bericht über mögliche kriminelle Machenschaften, die zu seinem Verschwinden geführt hatten. »Wo hast du denn *den* her?«, fragte Max mit zitternder Stimme. Eine Ahnung beschlich ihn. Er wandte sich um. Am Tisch hinter ihm saß nur mehr eine Frau, die offensichtlich auf ihre Freundin wartete.

»Eine Dame in den Toiletten hatte ihn abgenommen, um sich die Hände zu waschen«, erklärte Oma Hilde stolz. »Und da dachte ich, der könnte dir gefallen. Ich finde, er passt viel eher zu einem Mann als ...«

Der Richter am Nebentisch erhob sich leicht, wohl um besser sehen zu können, was an ihrem Tisch vor sich ging. Max sah auf und ihre Blicke trafen sich. Max' Herz raste. Schnell umschloss er den Ring mit seiner Faust.

Aus Richtung der Waschräume hörte man nun unruhige Stimmen. Ein Kellner hastete vorbei. Mit der fließenden Bewegung eines geübten Taschendiebs ließ Max den Ring in dessen Westentasche gleiten. Dann hob er den Kopf und begrüßte den an den Tisch getretenen

Richter, Überraschung heuchelnd. Oma Hilde sah von einem zum anderen.

»Was haben Sie denn da?«, wollte der Jurist nach einigen Höflichkeitsfloskeln wissen und deutete auf Max' Hand.

»Ja, wissen Sie …«, begann Oma Hilde, doch Max fiel ihr ins Wort.

»Nichts!« Er präsentierte seine beiden leeren Handflächen und redete schnell weiter, bevor seine Großmutter noch etwas sagen konnte: »Darf ich Ihnen meine liebe Großmutter vorstellen? Ich führe sie einmal im Monat zum Essen aus und meistens kommen wir hierher. Das Steak ist ganz ausgezeichnet und …«

Sein Blick folgte dem Kellner, der wie die meisten seiner Kollegen plötzlich in Richtung der Waschräume eilte.

*

Erschöpft ließ Samuel sich auf einem der Stühle im Personalraum nieder. Es war spät am Sonntagabend. Das Lokal hatte sich geleert und die meisten Restaurantangestellten waren ebenfalls schon gegangen. Er selber hatte noch ein bisschen Zeit, bis sein Bus fuhr.

Was für ein Tag! Er rieb sich den schmerzenden Rücken. Wie immer sonntags war viel Betrieb gewesen, aber heute hatte es aus anderen Gründen zusätzliche Unruhe gegeben: Eine Frau hatte einen, wie sie behauptete, wertvollen Ring verloren. Ihren Verlo-

bungsring, wie sie mehrfach betont hatte. Beim Hän-
dewaschen sei er ihr abhandengekommen – sie hatte
deswegen ein Riesentheater veranstaltet. Einer von
Samuels Kollegen hatte zunächst das Ablaufrohr des
Waschbeckens, an dem sie sich angeblich ihre Hände
gewaschen hatte, abschrauben müssen. Als sie da nicht
fündig geworden waren, hatte die Frau darauf bestan-
den, dasselbe an den anderen Becken zu tun. Ohne
Ergebnis.

Die Dame war währenddessen wie ein aufgeregtes
Huhn herumgewuselt und hatte fortwährend gezetert.
Samuel war im Vorraum vor den Toiletten abgestellt
worden, um die anderen weiblichen Gäste zu bitten,
aufs Behinderten-WC auszuweichen. Natürlich kam es
da zu Wartezeiten und Unmutsäußerungen. Seine mit-
tägliche Trinkgeld-Ausbeute fiel dadurch ungewöhnlich mickrig aus.

Er seufzte. Da kam es jetzt auch nicht mehr drauf
an. Er war pleite und nicht mehr sicher, ob er sich
die Reparatur seines Wagens jemals zusammensparen
würde können. Das wiederum bedeutete für ihn längere Wegezeiten zur Uni und zu seinem Aushilfsjob
und damit weniger Zeit fürs Studium. Vielleicht sollte er
sich mit dem Gedanken anfreunden, ein weiteres Semes-
ter dranzuhängen?

Gut, noch war nicht aller Tage Abend. Er kontrollierte gewohnheitsmäßig die Taschen seiner Arbeitsweste, bevor er sie ausziehen und in den dafür vorge-
sehenen Schrank hängen wollte.

Nanu! Was war das denn? Erstaunt brachte er einen protzigen Ring zum Vorschein. Wie war der denn in seine Westentasche geraten?

Sein erster Gedanke war die aufgeregte Frau. Doch dann erkannte er das Schmuckstück. Es war mitnichten ein Verlobungsring. Nein, was er hier in Händen hielt, war ein Brillantring, den er vor Kurzem noch in der Zeitung gesehen hatte. Und auf dessen Rückgabe eine Belohnung von 2.000 Euro ausgesetzt worden war.

Es handelte sich um das Markenzeichen von Al Capone, berühmt berüchtigter Mafiaboss und mehrfacher Mörder.

DANKE,

zunächst ganz besonders an meine »Vorrednerin« Frau Inge Braune, freie Journalistin und Kennerin des lieblichen Taubertals. Es ist mir eine große Freude und Ehre, sie bei diesem Buchprojekt dabeizuhaben.

An die üblichen Verdächtigen:

meine Freunde (allen voran meine beste Freundin Anke), meine Familie (allen voran mein Mann Peter),

meine erfreulicherweise immer größer werdenden Leserschar,

die Mitarbeiter des Gmeiner-Verlags (allen voran die ganz besondere Programmleiterin Claudia Senghaas und meine Lektorin, Susanne Tachlinski, mit der ich bei diesem Projekt zum ersten Mal zusammenarbeiten durfte),

die vielen Buchhandlungen, die es im letzten Jahr nicht leicht hatten (allen voran der wunderbaren, inhabergeführten Buchhandlung Moritz und Lux),

meine zahlreichen InformantInnen (allen voran hier den mir liebsten Bad Mergentheim-Kennerinnen in alphabetischer Reihenfolge: Anja Wild, Birgit Edelmann, Karin Stephan und Martina Ernst).

Es ist ein unglaubliches Glück für mich, Sie und Euch alle zu kennen.

Und bevor es hier nun zu pathetisch wird, komme ich lieber zum ENDE.

Kater Socke ermittelt:

1. Fall: Schönheitsfehler
ISBN 978-3-8392-1693-4

2. Fall: Schlüsselreiz
ISBN 978-3-8392-1954-6

3. Fall: Katertrunk
ISBN 978-3-8392-2225-6

4. Fall: Katergericht
ISBN 978-3-8392-2539-4

Weitere Bücher von Heike Wolpert:

Taubertaltod
ISBN 978-3-8392-2760-2

Mörderisches Taubertal
ISBN 978-3-8392-0058-2

GMEINER SPANNUNG

WWW.GMEINER-VERLAG.DE
Wir machen's spannend